Kyōto Segreta

Dietro la superficie si nascondono mille storie

di Sasori

Un accenno sulla lettura delle parole giapponesi

In questo libro si fa uso del Sistema Hepburn per la trascrizione fonetica delle parole in lingua giapponese.
Il Sistema Hepburn è molto intuitivo per i lettori italiani poiché segue perfettamente la pronuncia a cui siamo abituati.
Tuttavia sono presenti alcune piccole differenze:
La G si legge sempre usando un suono duro, come per la parola "gomma";
La J si legge con il suono dolce della G, come per Genova;
"Chi" viene pronunciato "ci";
"Cha" viene pronunciato "cia";
"Chu" viene pronunciato "ciu";
"Cho" viene pronunciato "cio";
"Shi" viene pronunciato "sci";
"Sha" viene pronunciato "scia";
"Shu" viene pronunciato "sciu";
"Sho" viene pronunciato "scio".

Prefazione

Quando ho iniziato a scrivere questo libro, il progetto era estremamente diverso: mi ero prefissato lunghe ricerche nelle biblioteche di Kyoto, consultazioni di tutti i vari testi inerenti all'argomento ed estese trattazioni storiche riguardo i luoghi e i periodi che sarebbero stati

citati.
*Evidentemente non sono un autore che riesce a
rispettare i programmi, perfino quelli autoimposti,
e così il tutto ha preso una piega inaspettata: come
dotato di vita propria il progetto mi ha trascinato
verso tutt'altro metodo.*
*Ho visitato i luoghi, osservandoli e lasciandomi
assorbire in prima persona dalla loro magia, dal
mistero, dai segreti che li permeano; ho chiesto a
chi vive nelle vicinanze, interrogato sacerdoti e
monaci che ancora esercitano in Santuari e Templi,
la cui storia segreta è, a volte, interessante quanto
quella canonica, riportata nei libri di autori ben
più autorevoli del sottoscritto.*
*Ho conosciuto un'altra Kyoto, una Kyoto che
nasconde segreti affascinanti e mitici, incredibili e
mostruosi, ricordati solo da qualche polverosa
incisione su una vecchia pietra, in un angolo di un
parco oggi occupato da festosi bambini, invisibile,
o nei racconti spesso non ascoltati degli anziani.*
*Mi auguro che quel che leggerete in queste pagine
possa entusiasmarvi quanto ricercare e, in seguito,
trascrivere da confusi appunti, abbia entusiasmato
me, aprendomi gli occhi su una città che già amavo
ma che ora sento di apprezzare infinitamente di
più.*

Benvenuti, quindi, in una Kyoto Segreta, dove dietro la superficie si nascondono mille storie dimenticate.

12/09/2018
Sasori

Indice

Di Kyoto e delle sue Sacre Bestie Protettrici

L'antica Kyoto, capitale del Giappone dal 794 al 1868 col nome di Heian Kyo[1], oggi nota come "la città dei mille templi", rappresenta, nell'immaginario collettivo degli stranieri, un Giappone antico, tradizionale, affascinante e misterioso.

Per il popolo giapponese, tuttavia, essa è molto di più: un vero e proprio gioiello[2], di cui goderne la visita, così come si gode della vista di uno splendido fiore.

Fondata dall'Imperatore Kanmu nel 794, proprio per divenire capitale, Kyoto venne costruita seguendo rigidamente i precetti religiosi dell'epoca, piuttosto che fissarne le regole edilizie per reali fini utilitaristici.

Fu proprio questo che fece sì che perfino la sua struttura presentasse, e tutt'oggi parzialmente conservi, peculiarità occulte: la Zona Imperiale, adibita ad ospitare la dimora dell'Imperatore e della sua Corte, si trova a Nord e da questo nucleo, così simile ad un cuore umano, si susseguivano una serie di nove vie principali che attraversavano la città orizzontalmente.

Queste vie si intersecavano con altrettante verticali, con al centro la Suzaku Ooji, che, al tempo della prima costruzione di Kyoto capitale, conduceva dal cancello del Palazzo Imperiale fino al portale cittadino a Sud, il Rajou-mon, rappresentando una linea, non tanto immaginaria quanto più concreta ed inequivocabile, che incanalava energie positive.

La via Suzaku Ooji, infatti, deve il nome all'allora

suo punto di arrivo a Sud, ovvero il Lago Ogurake: in questo lago, secondo le antiche credenze, dimora una delle Quattro Sacre Bestie Prorettrici, ovvero Suzaku, l'uccello rosso che protegge il Sud e governa l'Estate.

Le altre tre Sacre Bestie Protettrici sono:

Seiryu, il drago blu che dal fiume Kamogawa protegge l'Est e governa la Primavera;

Byakko, la tigre bianca che dalla via Sanindo protegge l'Ovest e governa l'Autunno;

Genbu, la tartaruga nera, la cui coda è un serpente, che dalla collina Funaokayama protegge il Nord e governa l'Inverno.

Le Sacre Bestie Protettrici sono creature mitologiche, esseri dagli immensi poteri legati alle direzioni quanto alle fasi stagionali, di grande potere e saggezza: costruendo Kyoto esattamente in quel punto e seguendo quelle date regole edilizie e planimetriche, in riferimento ai luoghi in cui si narrava queste dimorassero, si poteva beneficiare della benedizione di tutt'e quattro in maniera costante e potente.

Questa è, certamente, un'antica tradizione, ma non è solamente una mera reliquia del passato: sopravvive, nascosta agli occhi dei più, ancor oggi, ad esempio all'interno degli stadi di Sumo[3] in tutto il Giappone, dove chiunque osservi lo tsuriyane, il soffitto, noterebbe delle corde, proprio sopra il ring. Queste riportano i colori delle Quattro Sacre Bestie Protettrici nelle rispettive posizioni, a protezione e sacramento dei lottatori.

Quello che gli abitanti di Kyoto, tuttavia, avrebbero voluto ben dimenticare, è l'esistenza di una quinta direzione, il Nord-Est: è questa, difatti, la direzione infausta poiché conduce al Ki-mon.

Questa parola si traduce letteralmente come "Portale degli Oni", ovvero i demoni della tradizione giapponese.

È bene notare come questo "portale" non sia una reale costruzione e non si trovi fisicamente in un luogo anch'esso concreto, o, almeno, al giorno d'oggi, così parrebbe ai nostri occhi.

Anticamente, però, gli abitanti di Kyoto ritenevano che, in una delle valli a Nord-Est della città, si trovasse realmente, concretamente un vero e proprio portale, di cui si ipotizzava uno stile architettonico molto vicino a quello comunemente utilizzato per i portali dei Templi Buddhisti e degli ingressi ai confini cittadini, già di per sé vicini in quanto a stile.

Tuttavia di questo luogo, si narra, non è possibile per nessun essere umano conoscer con precisione la posizione.

O, almeno, da nessuno che potesse, in seguito, sopravviverne per raccontarlo.

Degli Oni e loro caratteristiche

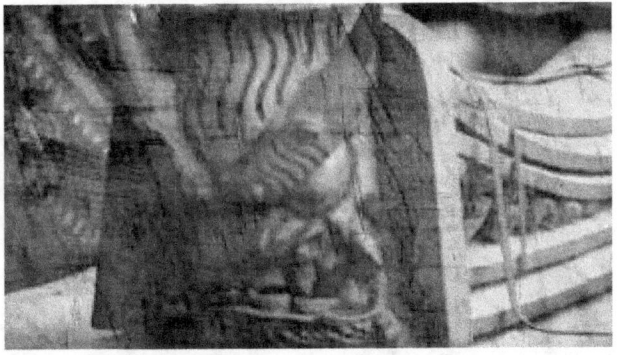

"La notte, a Kyoto, spegniamo tutte le luci, così gli Oni non ci possono trovare": così alcuni anziani parlano, riguardo la vicinanza del Ki-mon, il portale degli Oni.

Le notti di Kyoto, in effetti, a parte rari momenti, sono piuttosto buie e sembra quasi che tutta la città, al tramonto, spenga ogni singola luce.

"È una città così bella che, se lasciassimo le luci accese di notte, gli Oni verrebbero per distruggerla", è un'altra diceria molto comune.

Ma chi sono questi Oni?

E perché odiano così tanto Kyoto?

Quando parliamo di Oni, andiamo ad identificare una creatura della mitologia giapponese che potremmo vagamente accomunare ai demoni occidentali o con gli orchi delle favole.

Gli Oni sono una razza piuttosto eterogenea, un insieme di creature che condividono alcune caratteristiche mostruose: la maggior parte degli Oni ha una forma antropomorfa, è di statura mostruosamente notevole, lunghi capelli sporchi e scarmigliati, lunghi artigli, affilati come lame, nonché una o più corna.

Non mancano Oni con fattezze più animali o, addirittura, forme del tutto fantastiche.

La pelle di un Oni è dura, resistente e spesso coperta da irti peli; perfino il colore presenta gradazioni fantastiche, che prediligono il rosso, il blu, il verde o il nero.

Alcuni Oni, quelli di forma più umanoide, a volte vestono una pelliccia di tigre e brandiscono una mazza irta di spuntoni, così grossa e pesante da esser impossibile, per un comune uomo, anche solo da sollevare.

Difatti, tutti gli Oni, a prescindere dalla forma o peculiarità, hanno un tratto comune: una forza sovrumana.

Si ritiene che lanciare fagioli contro gli Oni li possa tenere alla larga[4].

Di Abe no Seimei e della sua vita

Famoso e rinomato in tutto il Paese, tanto da accogliere visitatori in cerca di miracoli o desiderosi di offrire semplici preghiere, Abe no Seimei fu indubbiamente il più potente "scaccia Oni" di Kyoto e, molto probabilmente, dell'intera storia del Giappone. Parliamo degli anni che vanno dal 921 al 1005, quando quest'uomo, potente ed amato dalla popolazione tanto quanto dai potenti, in qualità di Onmiyoji[5] praticò molti prodigi al servizio di vari Imperatori: fu consigliere spirituale, astrologo e divinatore, la cui specialità era la divinazione del sesso dei futuri nascituri nonché il ritrovamento di oggetti scomparsi.

La sua intera vita è letteralmente costellata di fenomeni paranormali, divinazioni corrette[6] ed esorcismi effettuati con successo, tanto da aver, in seguito, ispirato storie antiche tanto quanto nell'era moderna continua ad ispirarne: la sua figura è ancor oggi al centro di importanti opere come fumetti e altre forme di intrattenimento moderno.

Fu Seimei a coniare in Giappone un simbolo del tutto simile al pentacolo, noto come Seiman, quale simbolo di potere basato sui cinque elementi della tradizione giapponese e sulla loro interconnessione: terra, acqua, aria, fuoco e vuoto. Questo simbolo è ricorrente nel complesso Shintoista ad egli dedicato dall'Imperatore Ichijo, alla sua morte: il Seimei Jinja[7].

Il fulcro del culto vero e proprio, il Seimei-i, sorge sul sito ove si trovava la casa dell'Onmyoji e al suo interno si possono trovare, oltre al santuario vero e proprio[8], altri elementi religiosamente e spiritualmente importanti, come una piccola fontana dalla quale sgorga acqua che si dice possegga poteri terapeutici.

Vi è anche una piccola rappresentazione in pietra del ponte Ichijo Modoribashi.

Come sotto il ponte originale, dove si dice che sia possibile incontrare gli Shikigami, creature spirituali che governano il passaggio tra i mondi materiali e spirituali e che Abe no Seimei aveva sottomesso al suo volere, anche qui è presente, proprio accanto alla riproduzione del ponte, una statua rappresentante una creatura dall'espressione maligna che regge una fiaccola.

Se ci si reca al Santuario durante l'Equinozio d'Autunno (22-23 Settembre) è possibile assistere al Seimei Matsuri, la festa religiosa dedicata a questo misterioso uomo, i cui poteri pare venissero dal suo retaggio non del tutto umano: nonostante, infatti, il padre fosse Abe no Yasuna, anch'egli noto Onmyoji, la madre si dice fosse una Kitsune, uno spirito-volpe.

La storia racconta che, un giorno, Abe no Yasuna, passeggiando in meditazione, vide una piccola volpe dal manto candido, sofferente a causa della trappola di un cacciatore in cui era caduta.

L'Onmyoji, mosso a compassione, aiutò lo splendido animale e lo liberò.

La Kitsune, colpita dall'animo gentile e dal potere spirituale dell'uomo, prese la forma di una splendida donna, dandosi il nome di Kuzunoha.
In tale forma tornò ad incontrare l'uomo, che, nonostante fosse conscio della reale natura della Kitsune, decise di accettarla comunque nella sua casa.
Tra i due crebbe l'amore e, da questo sentimento, nacque Abe no Seimei: per metà uomo e per metà spirito.

Del Ponte Ichijo Modoribashi e del Miracolo della Resurrezione

Questo piccolo ponte, la cui raffigurazione abbiamo già visto presente all'interno del Santuario Shintoista dedicato ad Abe no Seimei, è un luogo da lungo tempo associato, nella superstizione giapponese, al passaggio tra il mondo dei viventi e quello dell'oltretomba.

Tradizionalmente, tutti i ponti, così come i fiumi e i passi di montagna, sono da sempre stati visti come "luoghi di confine", spazi particolari in cui i due mondi, quello materiale e quello spirituale, si sfiorano.

Tuttavia, quello del Ponte Ichijo Modoribashi, è un caso in cui il velo si fa ancora più sottile: vi sono testimonianze che narrano come, già dal 900, fosse una "tappa" quasi obbligatoria nelle processioni funebri, pratica che permane tutt'oggi, rendendo comune la visione di tali cortei su questo ponte.

Il suo legame con la morte e con il regno dell'Aldilà fece sì che, durante il periodo in cui, in Giappone, il Cristianesimo fu duramente perseguitato, lo Shogun[9] Toyotomi Hideyoshi lo scegliesse come luogo dove svolgere le esecuzioni di coloro che venivano scoperti a professare la religione di Cristo e non abiurassero tale fede, calpestando immagini sacre e ripudiandone il credo.

Tra i molti che vennero qui giustiziati a causa di ciò, vi furono anche il noto Samurai Shimizu Toshihisa e il famoso cerimoniere del tè Sennorikyu.

Le genti di Kyoto raccontano molte storie a riguardo di questo ponte e gli antichi miti si mescolano con sempre più attuali leggende metropolitane di fantasmi e apparizioni.

Di seguito, tre di esse, nelle quali figurano importanti personaggi storici, che sono tra le più note ed esemplificano i tre generi più comuni di dicerie riguardo Ichijo Modoribashi.

Il primo genere, e più frequente, è certamente quello che narra del legame del ponte con il mondo dei morti e l'Aldilà: si narra che durante il corteo funebre del noto Miyoshi no Kiyoyuki[10], il figlio fosse stato così affranto da non esser riuscito a camminare con le sue sole forze per la maggior parte della processione.

Una volta giunti nei pressi del ponte, oramai sopraffatto dal dolore, costui fece fermare la processione per poter abbracciare e compiangere ancora una volta la salma dell'amato padre.

La disperazione del figlio era tale e tanta che molti dei presenti si ritrovarono in lacrime, ma forte quanto il dolore fu lo stupore da cui tutti vennero colti quando il cielo si fece scuro di nere nubi e, dopo aver udito come il rumore di un forte tuono in lontananza, il defunto, inaspettatamente, ritornò per pochi istanti in vita: il tempo di abbracciare ancora una volta il figlio amato e dargli un estremo saluto. Fu dopo questo avvenimento che la popolazione di Kyoto decise di modificare il nome del ponte: in origine esso era Tsuchimikadobashi, ma in virtù del portentoso evento, divenne Modoribashi[11]

Un'altro genere di storia è quella che riguarda Kenreimonin, moglie dell'Imperatore Takakura. Kenreimonin aspettava un bambino, il primogenito, e la madre di lei, Niidono, tanto si domandava se sarebbe stato maschio e in buona salute per poter essere degno erede dell'Imperatore.
Niidono era rinomata per il suo esser pratica dell'arte della divinazione, così, non potendo più sopportare l'attesa per il parto, si recò presso il ponte per cercare di leggere il futuro del nascituro: dopo aver celebrato i necessari riti di divinazione, le apparvero dinnanzi dodici bambini che si misero a danzare in cerchio e a cantare una filastrocca. Grande stupore fu quello della donna, quando si rese conto che la filastrocca raccontava la vita futura del nascituro: i dodici predissero che sarebbe nato un maschio, e maschio fu, un forte e abile Samurai.
Bisogna dire che la famiglia di Niidono

apparteneva ad una branca del Clan Heike[12], da sempre in lotta contro il Clan Minamoto, e i dodici predissero la sua morte proprio in uno scontro tra i due clan: anche questo corrispose, in seguito, a verità.

Gli anziani di Kyoto raccontano che quelli che la donna credette fossero bambini, in realtà, erano degli Shikigami, Oni di bassa statura che facilmente sanno farsi passare per bambini.

Essi erano stati al servizio di Abe no Seimei, come già discusso, e questi avrebbe voluto tenerli più vicini a sé, ma la moglie, che ne aveva paura, tanto se ne lamentò che l'Onmyoji stabilì a loro dimora la parte sottostante del ponte, luogo dove hanno continuato a vivere anche dopo la morte di Seimei, e, secondo le leggende locali, continuano a risiedere tutt'oggi.

Infine, un ultimo tipo di storie che si raccontano sul ponte, storie che racchiudono un elemento più spaventoso: parliamo del Samurai Watanabe no Tsuna, membro del noto gruppo di Samurai chiamato Shitenno[13], che, una notte, si trovava a passare a cavallo nei pressi del ponte quando udì la voce di una donna.

Fermatosi a controllare che non vi fossero problemi

di sorta, venne avvicinato da una signora di nobile postura che gli chiese soccorso: poiché era tarda ora, disse, non si sentiva sicura a percorrere da sola le buie strade.

Watanabe no Tsuna acconsentì ad accompagnarla ma era un Samurai esperto, temprato a combattere uomini quanto Oni, e percepì immediatamente qualcosa che lo rese sospetto nei riguardi della donna in questione.

Le permise, quindi, di salire in groppa al suo cavallo, dietro di sé, ma ne tenne attentamente d'occhio, segretamente, i movimenti.

E fu nel giusto, poiché la donna era in verità un Oni sotto mentite spoglie, che tornò alla sua vera forma all'improvviso e afferrò il Samurai per i capelli, pronto a volar via, trascinandolo con sé verso chissà quale orribile destino, in direzione del monte Atagoyama.

Ma il prode Re Celeste fu ben pronto a reagire, così, estratta la sua katana, mozzò con maestria il braccio con cui l'Oni gli stringeva i capelli.

L'Oni fuggì via e Watanabe no Tsuna si salvò: ma la storia tra il valoroso Samurai e gli Oni di Atagoyama non sarebbe finita lì, come vedremo più avanti, parlando di Oeyama.

Questi sono i generi di storie che vengono raccontati dagli anziani locali riguardo il Ponte Ichijo Modoribashi ed è per questi motivi che, ancor oggi, gli abitanti di Kyoto credono che non sia bene attardarsi oltre il tramonto nei pressi del ponte, che non sia saggio passarci sotto e, soprattutto, non lo si debba mai attraversare di notte.

Delle origini del nome Keage

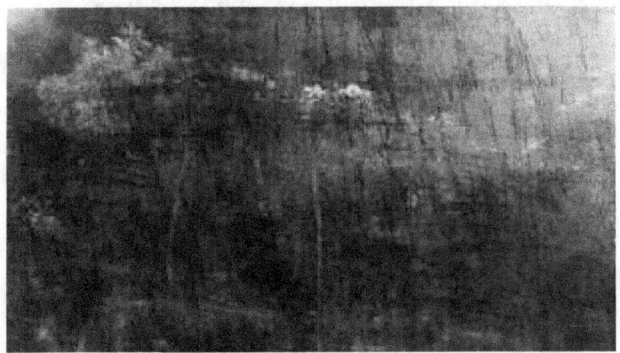

Abbiamo gia avuto modo di discutere della faida tra il Clan Minamoto e il Clan Heike parlando delle storie riguardanti il ponte Ichijo Modoribashi, un conflitto che durò numerose decadi e che aveva come punto focale il controllo sulla Corte Imperiale, e quindi il controllo dell'intero Impero. Questo conflitto porta, in giapponese, il nome di Genpei Kassen.

Un particolare evento di questa lunga guerra tra famiglie, è legato al mito di Benkei ed è avvenuto nella zona un tempo nota come Hino Okatouge, oggi ribattezzata Keage e nota soprattutto per il Keage Incline, una piccola vallata un tempo percorsa da una linea ferroviaria, di cui ancor oggi permangono i resti, in cui i giapponesi amano passeggiare durante il periodo di fioritura dei ciliegi per ammirarne la bellezza.

Ma chi era Benkei?

Saito Musashibo Benkei fu un monaco-guerriero buddhista, la cui storia di fedeltà e dedizione alla causa viene tramandata in Giappone ancor oggi come un esempio di dedizione e sacrificio.

La particolarità di questa leggenda è che, propria della tradizione popolare orale e degli insegnamenti familiari sui valori e l'educazione, sia nata, cresciuta e tramandata esclusivamente in Kyoto: è, difatti, solo in tempi relativamente recenti che questa è stata inclusa nella cultura generale giapponese e quindi trascritta.

Parliamo della seconda metà del 1100, quando

Saito Musashibo Benkei nacque in circostanze purtroppo a dir poco sfortunate: secondo alcuni, difatti, egli era il frutto di uno stupro commesso da un crudele monaco buddhista, leader di un'efferata setta sanguinaria dedita alle peggiori malefatte. Secondo altri, tuttavia, Benkei era addirittura il figlio di un Kami o di un Oni, a seconda se si volesse glorificare la sua potenza o dare un tocco macabro alle origini della sua straordinaria forza. Quali che fossero le sue origini, pare che fin dall'infanzia, costui possedesse un fisico prodigioso, capace di incutere timore in chi ne incrociava la strada: innaturalmente alto, per la sua età, e di gran lunga più forte di qualsiasi altro coetaneo.

Si narra di una forza e di un vigore mai conosciuti precedentemente.

Il suo viso, secondo i vari racconti, pare possedesse tratti demoniaci, cosa che gli valse il soprannome di Oniwaka[14].

Entrò in monastero in tenera età e scelse molto presto la vita del Sohei, il monaco-guerriero.

La sua arma prediletta era una naginata, la lancia giapponese, e pare che questa fosse ben più alta di egli stesso, già di per sé, secondo le leggende, come già accennato, ben più alto di due metri, cosa incredibile all'epoca presso il popolo giapponese: possiamo, dunque, solo immaginare che arma letteralmente enorme fosse questa naginata di Benkei.

Un'altra caratteristica che lo contraddistinse fu l'uso di un ampio mantello nero: le raffigurazioni che lo rappresentano, tanto le più antiche quanto quelle moderne, vengono immediatamente riconosciute ad una prima occhiata dagli abitanti di Kyoto, proprio grazie a questo particolare.

Le gesta di Benkei che consegnarono questo enigmatico uomo alla leggenda e, in seguito, alla storia, hanno inizio quando, avendo sentito parlare del famoso fabbro di Kyoto, Kokaji Munenabu, il monaco-guerriero si recò da questi per chiedere che gli forgiasse un'armatura che fosse indistruttibile.

In tutta risposta, il rinomato fabbro, gli disse che, per soddisfare le richieste del monaco, avrebbe accettato come forma di pagamento solamente cento spade appartenute a cento Samurai.

Per alcuni, questa richiesta non era una reale forma di pagamento, in realtà mai espressa o di cui non è stata tenuta nota, bensì si è supposto che queste spade fossero necessarie per la creazione di tale armatura, probabilmente come oggetto da cui ricavare i materiali di costruzione stessi.

Benkei, conscio della sua forza e tecnica marziale, comunque, non si scompose per la richiesta, per qualsiasi altro uomo considerabile come un suicidio, bensì si appostò da quel giorno sul ponte di Gojo, in una delle via principali dell'antica Kyoto capitale e ancor oggi una delle maggiori arterie della moderna città: da lì sfidò tutti i Samurai intenzionati ad attraversare tale ponte.

Erano già novantanove le sue vittime, si narra, quando il destino pose sulla sua strada Minamoto no Yoshitsune, fratello minore del potente Shogun Minamoto no Yorimoto, del Clan Minamoto.

Come di consueto, Benkei sfidò a duello il Samurai che intendeva attraversare il ponte, ma, nonostante Yoshitsune fosse più giovane e di corporatura decisamente più esile, ebbe la meglio sul gigantesco monaco.

Costui, tale fu lo stupore e rispetto per la potenza dimostrata dal Samurai, in quel preciso momento gli giurò eterna fedeltà e da allora rimase al suo fianco fino alla fine come fedele guardia del corpo.

Accadde in seguito che Minamoto no Yoritomo, vedendo crescere a dismisura la fama e la benevolenza del popolo nei confronti del fratello minore, temette che questi potesse sobillare le folle per soppiantare, in un colpo di stato, il suo ruolo.

Ne ordinò, quindi, l'uccisione.

Per lunghi anni Yoshitsune e Benkei fuggirono, braccati dagli inseguitori: numerosi e, alcuni, rinomati furono i duelli contro gli uomini del fratello.

La storia si conclude, tuttavia, con l'assedio del Castello di Koromogawa, dove i due si erano rifugiati: qui, prevedendo la fine, Yoshitsune decise di commettere un onorevole Seppuku[15], così il suo fedele Benkei si pose a guardia, da solo, sul ponte del castello, per dare il giusto tempo al suo protetto per la nobile fine.

Respinse per tutto il tempo necessario ogni guerriero che osasse tentare di entrare nel castello. Vedendo che era impossibile sconfiggerlo con la spada, gli assedianti decisero di tempestarlo di frecce: qui le storie narrate diventano particolarmente ricche di descrizioni tra il truce e il romantico, con nuvole di frecce tali da oscurare il sole e altro ancora, ancora una volta, il tutto atto a sottolineare quanto timore, reverenziale o meno che fosse, avesse provato chiunque avesse incontrato in vita sua il gigantesco Benkei.

Tuttavia a nulla valsero le frecce: il fedele monaco-guerriero non si mosse di un solo passo dal ponte su cui aveva posto la guardia.

Soltanto in seguito, quando oramai Yoshitsune aveva completato la cerimonia del Seppuku, gli avversari notarono che il monaco-guerriero era, in realtà, morto da tempo ma che, tuttavia, perfino nella morte, il suo corpo non si era negato al dovere: era morto in piedi, puntato nel punto in cui si trovava, reggendosi al suo altrettanto leggendario enorme naginata.

Questa, in breve, la vita del monaco Benkei.
La storia che si svolse a Keage riguarda uno dei tanti episodi che la compongono con maggiore interezza: questa sarebbe stata l'ultima storia ambientata in Kyoto, prima che Yoshitsune e Benkei iniziassero la loro fuga che si sarebbe conclusa tristemente.
Minamoto no Yoshitsune e Saito Musashibo Benkei si trovavano in preghiera presso il Monte Kurama, di cui tratteremo in seguito.
Qui li raggiunse un noto uomo d'affari, tale Keneuri Kichiji.
Costui si propose di guidare i due verso il Tohoku, attraverso sentieri sicuri e con l'aiuto e copertura di amici fidati, per allontanarli dall'ira dello Shogun.
I tre, quindi, partirono e si diressero dapprima presso il Santuario Shintoista di Himuka Daijingu,

oggi un luogo quasi dimenticato e del tutto
sconosciuto perfino ad alcuni abitanti di Kyoto
stessa, in quel di Keage.

Qui avrebbero pregato per un viaggio sicuro.

Li raggiunsero numerosi abitanti di tutta Kyoto,
persone che erano state aiutate da Yoshitsune stesso
e che volevano servirlo durante questo viaggio, per
ringraziarlo, ma Yoshitsune disse loro che ogni
debito, seppure ve n'era stato uno, era stato saldato
dal calore dimostratogli in quell'ultimo saluto.

Chiese loro solamente di pregare per lui e, quindi,
partì accompagnato solamente dal fedele Benkei e
guidato dal mercante.

Fu allora che, appena lasciato il luogo di preghiera,
i tre incrociarono le loro strade con nove uomini a
cavallo: questi erano nove guerrieri e recavano le
insigne del Clan Heike, come abbiamo già visto,
nemico storico della famiglia del Samurai, sebbene
in quel momento egli fosse più realisticamente
minacciato dalla sua stessa, di famiglia.

Passandogli affianco, gli zoccoli dei cavalli
sollevarono del fango, causato da una pioggia
recente, e inzaccherarono le vesti di Yoshitsune.
Costui, interpretò la cosa come un cattivo
presagio[16] e vedendosi rovinato fin dall'inizio un
viaggio tanto importante, un viaggio che avrebbe

cambiato per sempre la sua vita e per cui aveva tanto pregato e sacrificato, si infuriò oltre ogni limite: assalì i nove, uccidendoli lì sul posto, con ferocia.

Solo quando il massacro fu concluso, Yoshitsune si rese conto di esser caduto preda di una rabbia insensata e se ne pentì amaramente: fu così che, per chiedere perdono alle anime dei nove uomini, eresse nel luogo delle uccisioni, una pietra funeraria affinché questi potessero riposare in pace.

Il nome Keage viene proprio da questo episodio, poiché indica proprio lo scalciare del cavallo in lingua giapponese.

Del memoriale Mimitsuka e delle sue origini

Toyotomi Hideyoshi, potente Daimyo[17] e capo militare, noto soprattutto per il suo ruolo di "riunificatore del Paese" (succedendo al suo mentore Oda Nobunaga), gode di fama e infamia, allo stesso tempo.

Sebbene abbia compiuto grandi gesta per l'Impero, mano a mano che diveniva più anziano, le sue azioni divennero sempre più crudeli, tanto da far nascere il sospetto che fosse impazzito.

Famoso, ad esempio, fu l'atto di nominare il figlio della sorella come Kanpaku[18], titolo che, nel volgere di pochissimo tempo, gli strapperà ferocemente via, costringendo, inoltre, il nipote al seppuku (questo avveniva circa 3 anni prima della sua morte).

Come abbiamo detto, uno dei sogni del suo mentore, Oda Nobunaga, era quello di espandere l'Impero Giapponese oltre i confini dell'arcipelago, conquistando la Cina, passando per la penisola coreana.

Alla morte di Nobunaga, Hideyoshi ereditò, oltre che il potere, anche il sogno del suo mentore e lo fece altrettanto suo: nel 1592 (circa 6 anni prima della sua morte) inviò per due volte le sue armate, stimate come 160.000 uomini, nella penisola coreana per sottometterla.

Era usanza, allora, che i Samurai, alla sconfitta di un nemico, ne recidessero la testa e la portassero come trofeo, nonché come prova della vittoria: tuttavia, essendo questo un esercito numeroso, per gli standard dell'epoca, e dovendo affrontare viaggi navali[19], il trasporto sarebbe di certo stato difficoltoso.

Decisero allora di non portar a trofeo l'intera testa ma di amputare alle vittime il naso, anche come segno di disprezzo, e le orecchie, mettendo quindi il contenuto sotto sale per conservarlo fino al ritorno in patria.

Partì una vera e propria caccia al trofeo, lontani da occhi indiscreti, che portò le armate al macchiarsi di crimini indicibili *(come se in guerra vi possano, in realtà, esser crimini di serie A o di serie B. NdA)* uccidendo senza distinzione uomini e donne, vecchi e bambini.

Hideyoshi, fiero delle vittorie conseguite dalle sue armate, eresse in Kyoto un monumento, il cui scopo era l'esposizione (seppure, ovviamente, non reale ma, quindi, simbolica) di tali macabri trofei, chiamandolo Hanatsuka[20].

Dopo la sua morte, però, i cittadini di Kyoto, impietositi dagli orribili atti compiuti dalle armate di Toyotomi Hideyoshi, cambiarono il nome in Mimitsuka[21] e divenne una sorta di memoriale, affinchè le vittime potessero trovare la pace nell'aldilà.

Come si può ben immaginare è un monumento che

da adito a numerosi problemi ed è, tutt'oggi, fortemente contestato dal popolo coreano e cinese.

Delle Kitsune e le loro caratteristiche

Kitsune è la parole giapponese che indica la volpe. Secondo il folclore giapponese, le volpi sono creature solo parzialmente animali: in parte spiriti, esse sono in grado di sviluppare grandi poteri, a volte anche assai pericolosi.

Come per l'idea occidentale della volpe, le Kitsune sono dotate di grande astuzia per natura, mentre lo svilupparsi dei loro poteri è stettamente legato all'età: come molti altri spiriti-animali, difatti, si dice che le Kitsune siano in grado di vivere per secoli, divenendo man mano più astute e potenti.

Tra i loro poteri più noti vi è indubbiamente quello di mutare forma (diventando, ad esempio, splendide fanciulle) o quello di creare illusioni.

È possibile determinare l'età di una Kitsune dal numero di code che essa presenta: se considerassimo la comune, naturale vita animale come una sorta di gioventù, in questa prima fase della sua vita una Kitsune presenta una sola coda.

Le teorie a riguardo del computo degli anni necessari per passare da una fase di crescita all'altra delle Kitsune sono svariate ma per lo più è accettata quella che lega il numero di code possedute al numero di secoli che la Kitsune ha vissuto.

Raggiunto, quindi, il centesimo anno di vita, la creatura acquisisce la seconda coda e i primi poteri, spostandosi, finalmente, di un primo passo verso il mondo spirituale.

Sebbene la volpe a nove code sia considerata il limite dell'evoluzione della Kitsune, vi sono leggende legate ad una (o più) presunte volpi a ben dodici code.

Al di là delle differenze tra le varie specie di volpi, anche nel momento di questa loro "evoluzione" si riscontrano specie diverse, ognuna con caratteristiche ben distinte, anche se queste non sempre sono realmente distinguibili ad occhio nudo.

Parliamo delle Kitsune Zenko, Yako e Ninko.

Le Zenko, talvolta chiamate Inari, sono volpi benevole, messaggere dei Kami[22].

Vengono a volte chiamate anche Inari, nome derivante dal Kami omonimo, Inari appunto, patrono del riso e dell'agricoltura, Kami che, come ben si può immaginare, fu molto amato dal popolo fin dagli albori.

Inari utilizza tali volpi come messaggere, per cui i contadini costruirono santuari dove lasciar loro tributi, come ad esempio delle fette di aburage[23], di cui, si dice, le volpi siano ghiotte.

Queste volpi sono in genere bianche, ma se ne possono trovare anche di nere, senza che il colore costituisca in sé una qualche reale variante.

Hanno il potere di scacciare il male, la sfortuna e allontanare gli Oni e la loro nefasta influenza sugli uomini.

Indossare una maschera da Zenko, specie durante le feste, è una forma di rito, tipico delle giovani ragazze, per propiziarsi fortuna.

Le Yako, invece, sono subdole e hanno spesso intenzioni malvagie.
I racconti in cui appaiono, dipingono queste Kitsune come coloro che portano la sventura su nobili Samurai, ingannano ingenui contadini o corrompono l'animo di pacifici monaci buddhisti.
Accanto a loro, spesso, aleggiano piccole fiammelle, in genere di colore azzurro o bianche, spettrali, che queste volpi possono controllare per ingannare coloro che si ritrovano a viaggiare tra i boschi durante le buie ore notturne, facendo perder loro la via.
Illusioni magiche, furti e seduzione sono altri espedienti delle Yako, spesso atte ad umiliare i vanagloriosi o a vendicarsi di chi le ha scacciate.

Infine, vi sono le Ninko, le volpi invisibili, in grado di possedere gli esseri umani.
Si crede che queste volpi possano entrare nel corpo della vittima passando sotto le unghie di mani o piedi e che si nutrano dell'energia vitale dell'umano posseduto, vivendo al suo interno.

Quando ciò accade, si denotano cambiamenti, sia fisici che caratteriali, nella vittima: i tratti facciali acquisiscono fattezze volpine, gli analfabeti riescono a leggere e scrivere, ecc.

Tanto divenne nota questa condizione da venir considerata, fin dall'800, come una forma di infermità riconosciuta, al pari di una qualsiasi comune malattia.

Quale che sia il tipo di Kitsune, sembra che tutte abbiano una sorta di codice etico che le spinga a rispettare le promesse fatte: ne è un esempio la storia che riguarda una Kitsune e il Tempio Buddhista di Chionin.

Accadde che, in una notte di forte pioggia, una Kitsune sotto forma umana venne aiutata da uno dei monaci del Tempio: costui le diede in prestito un ombrello e la Kitsune, riconoscente, promise di restituirlo.

È così fu: ancora oggi l'ombrello è visibile, poggiato dalla Kitsune proprio sotto al tetto... una posizione davvero scomoda da raggiungere per un comune umano.

Ma vi sono voci che affermano che, in realtà, la volpe vivesse già lì, nel luogo dove poi venne costruito il Tempio: abbastanza anziana da aver sviluppato dei poteri e fortemente affezionata alla sua tana, quando giunsero gli uomini per iniziare i lavori per la costruzione del luogo sacro, si ritrovò a doversene andare.

Meditando vendetta, quella fatidica notte della storia di cui sopra, la Kitsune era diretta proprio al Tempio per darlo alle fiamme ma quando incontrò il buon monaco rimase colpita dalla sua gentilezza. Taluni affermano che, di tanto in tanto, questa volpe, prendendo una nuova forma per non esser mai riconisciuta, tornò ad ascoltare gli insegnamenti dei monaci locali anche in seguito. Così, oltre ad aver restituito l'ombrello, si dice che questa Kitsune ancora oggi protegga il tempio, soprattutto dagli incendi (incendi che, in effetti, decisamente di rado hanno colpito il Chionin).

Come dimostra questa storia, essendo le Kitsune creature dalla moralità assai diversa da quella umana, bisogna prestare attenzione quando si hanno contatti con esse: perfino la più benintenzionata delle promesse può finire col creare più problemi che benefici.

Del Santuario Shintoista Fushimi Inari Taisha, dei mille portali rossi e delle volpi

A Sud-Est del centro di Kyoto, a pochi minuti di treno o bus, si trova la montagna Inari, dove si dice risieda l'omonimo Kami e dove si trova il più importante Santuario Shintoista eretto in suo onore. Il legame tra il riso, il Kami e le volpi è evidente fin dai tempi più antichi, in quanto le storie sull'origine del Santuario mostrano tratti simili a quelli discussi pocanzi riguardo le Kitsune, già identificate come messaggere del Kami.

Le peculiarità maggiori di questo Santuario sono tre e riguardano la montagna[24], le volpi (il cui numero di statue, nonché la forma, a volte unica, rendono unico il luogo) e i Torii[25] (qui ve ne sono più di 1000 e formano un sentiero che porta fino alla cima alla montagna stessa).

La montagna gioca un ruolo fondamentale nelle origini del mito del Santuario.

Si narra che un uomo giunse in Kyoto e vi si stabilì, trovando la sua fortuna nella coltivazione e vendita del riso.

Un giorno, per gioco, fece un mochi[26], lo lanciò in aria e tentò di colpirlo con una freccia.

Con suo grande stupore, tuttavia, il mochi cambiò forma all'improvviso, divenendo un uccello bianco (una similitudine con le Zenko o, forse, una volpe stessa, essendo, come abbiam visto, esse capaci di mutar forma a proprio piacimento) e volò fino alla vicina montagna.

Da quel giorno, in quella montagna, la coltivazione del riso divenne fonte di fortuna per gli abitanti del luogo.

L'uomo, caduto in disgrazia, per chiedere scusa a questo spirito del mochi di riso, eresse un Santuario, chiamandolo "Ine ni naru"[27].

Col tempo, il Santuario finì per esser chiamato con la contrazione Inari e così questo spirito venne ad esser considerato un Kami dalla popolazione, vista l'importanza del riso nella cultura dell'epoca, e prese lo stesso nome.

L'affinità del Santuario con le volpi viene ritrovata di frequente nella varie storie che lo riguardano, perfino nei rari casi in queste non siano presenti.

Uno di questi casi si esemplifica, forse, come esempio più tipico in questa storia: un giorno, un uomo di Kyoto, in visita al Santuario, rimanendo affascinato dalla salute di uno degli alberi che qui crescevano, lo trapiantò nel giardino di casa propria.

Quella stessa notte, una voce, proveniente dall'interno dell'albero, gli parlò e gli disse che fin quando egli e la sua discendenza si fossero presi

cura dell'albero, tutta la famiglia sarebbe stata ricca
e prospera, tuttavia qualora l'albero fosse morto,
allora grande sfortuna sarebbe caduta su tutti loro.
Il rispetto delle promesse, nel bene o nel male, e il
carattere vendicativo delle Kitsune sono tematiche
pressoché onnipresenti nelle storie riguardanti il
Santuario Shintoista di Fushimi Inari Taisha
(sempre che la voce proveniente dall'albero
dell'esempio qui sopra non fosse, in realtà, un
semplice trucco di una Kitsune stessa...).

A quanto pare, tuttavia, nella montagna vivono sia
le volpi Zenko che le Yako.
La presenza delle prime è evidente, anche solo sotto
forma di statue, di ogni dimensione, presenti nei
numerosissimi piccoli santuari, sempre ben muniti
di doni, eretti (e che continuano ad esser eretti
anche in tempi recenti) nei dintorni del sentiero di
Torii.
Anche i portali stessi hanno storie che li legano alle
Kitsune: si racconta che ogni Torii sia stato donato
come ringraziamento per un desiderio esaudito da
Inari, cosa che spesso avviene tramite
l'intercessione delle sue volpi.
Non è di certo un caso che molti dei Torii più
recenti siano stati donati da ricche aziende

giapponesi di successo: il riso, nell'antichità, indicava la ricchezza anche più del denaro stesso, per cui oggi, spesso, Inari vien visto dal popolo come un Kami in qualche modo legato al denaro e per questo importante per aziende e uomini d'affari, anche quando questi affari nulla hanno a che vedere col riso in sé.

La leggenda dei Torii vuole che se si esprime un desiderio e si percorre il sentiero dei portali, le possibilità che questo si esaudisca aumentano con l'aumentare dei Torii sotto i quali si passa.

Va da sé che questo crea un circolo vizioso, in cui si usano i Torii per ottenere l'esaudimento dei desideri e, a seguire, si donano Torii[28] come forma di ringraziamento per la grazia concessa[29].

Non mancano le storie più tetre riguardo i sentieri del Santuario, a testimonianza della presenza delle volpi Yako: soprattutto quando fa sera, è possibile incontrare per strada un uomo, in genere anziano, che fingendo di voler aiutare il passante, lo mette in guardia, affermando che sta prendendo la via sbagliata.

Costui, quindi, indirizza così lo sventurato in un altro sentiero, portandolo a perdersi nella montagna.

In antichità si parlava inoltre di piccole luci tra gli alberi, visibili dal sentiero, che inducevano il viaggiatore a pensare che in quella direzione ci fossero abitazioni e spingessero, quindi, gli incauti in zone pericolose.

Altre storie parlano di viaggiatori, smarriti per decine e decine di anni nella montagna, che tornano alla civiltà, stupiti, affermando di aver deviato dal sentiero principale solo per una o due orette.

Ancor oggi va di moda, specie tra i ragazzi delle scuole superiori, una vera e propria prova di coraggio: avventurarsi subito dopo il tramonto nella montagna, andando fino in cime a questa[30] e tornando alla base senza cadere vittima delle Kitsune.

Un'ultima leggenda, in realtà di origine ben più moderna ma che ha preso piede andando ad affermarsi nel panorama della superstizione locale, parla di un misterioso Torii che a volte appare. Le sue peculiarità sono due: in primis la forma, poiché mentre i Torii hanno sempre una precisa forma squadrata (nonostante i vari stili architettonici), ai nostri occhi occidentali simile al "pi" greco, questo Torii sarebbe, invece, vagamente (o, in alcune versioni, del tutto) tondeggiante.

La seconda caratteristica, non meno importante, è
che non bisogna assolutamente passarci sotto:
mentre passar sotto un Torii in generale, e
sopratutto quelli del Santuario di Fushimi Inari
Taisha, porta fortuna, questo Torii rotondeggiante è
in realtà un varco verso il Jigoku[31].
Per onor della cronaca va detto che il sottoscritto, in
una delle tante visite al Santuario, effettivamente, a
notte tarda, dopo essersi perso tra i sentieri
secondari (non per colpa delle Kitsune ma
delibarata decisione di poter osservare altri santuari
minori lontani dal sentiero), si è ritrovato dinnanzi
ad uno strano Torii leggermente rotondeggiante.
Mia moglie, totalmente all'oscuro di questa
leggenda, come lo ero anch'io a quei tempi, affermò
di percepire una brutta sensazione e se ne volle
subito allontanare, per cui non fu attraversato.
In seguito non sono più riuscito a ritrovarlo una
seconda volta...

Della maledizione dell'Ushi no Koku Mairi

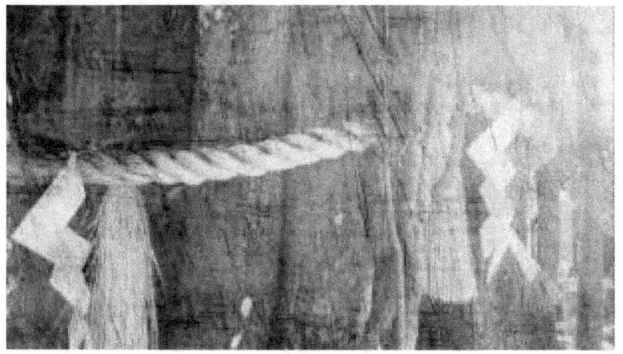

La montagna Inari non è il solo luogo a Kyoto a mostrare una dualità così contrastante.

Un ulteriore esempio, difatti, è proprio il famoso Santuario Shintoista di Kifune (di cui parleremo più dettagliatamente in seguito), situato tra le splendide montagne a Nord di Kyoto.

All'interno del complesso vi è un piccolo Santuario minore dedicato a Suijin Okaminokami, un Kami dell'acqua.

Questo Kami si dice si interessi particolarmente alle storie d'amore, tant'è che le coppie che hanno problemi, o le persone che sono state lasciate, vanno al Santuario a chiedere aiuto e benedizione.

Vi è, tuttavia, un lato più oscuro che ha ispirato molte storie d'orrore: una donna che dovesse soffrire pene d'amore e che cerchi vendetta a causa di ciò, potrebbe avere una chance recandosi presso il Santuario alle 2 di notte[32], vestita di un semplice kimono bianco, come si usa per i defunti, e due bastoni di legno tra i capelli, con le sommità in fiamme, e una fascia, anch'essa bianca, legata sulla fronte.

Il rituale richiede che si porti un fantoccio di fattezze umanoidi, fatto di paglia.

Questo verrà inchiodato sul lato nord-est di un albero sacro, augurando, al contempo, ogni male all'oggetto del proprio odio e pregando con tutto il cuore il Kami perchè conceda tale vendetta: entro sette giorni costui è destinato a morire.

Questa pratica è conosciuta come "Ushi no koku Mairi"[33] ed ha origini molto antiche, perdurate nel tempo.

Perfino al giorno d'oggi, pare che sia ancora fin troppo comune, tant'è che gli alberi maggiormente adatti a tale scopo, sono stati in qualche modo "confinati", specie nelle ore notturne, di modo da fermare tale macabra usanza.

Senza dover arrivare fino al montano Santuario di Kifune, è possibile, difatti, trovare uno di questi alberi, con annesso cartello in cui è stata scritta tale tradizione, con tanto di raccomandazione al non attuarla, perfino nel rinomato complesso Buddhista del Kiyomizudera: una volta varcato l'ingresso basterà cercare la piccola area dei Santuari Shintoisti presente nel complesso per trovare tale albero e poter chiaramente osservare i numerosi segni che i chiodi vi hanno lasciato.

Col passare del tempo, comunque, pare che la pratica si è semplificata: al posto dei due bastoncini in fiamme si racconta che si possano utilizzare anche solo due candele accese.

Gli anziani raccomandano attenzione se a quell'ora

della notte si dovesse udire il battere di un martello: meglio abbassare lo sguardo ed allontanarsi in fretta, poiché, si dice, chi assiste a tale rito finirà per attirare gli effetti della maledizione su di sé.

Della storia della Hashihime

Parlando della pratica dell' "Ushi no koku Mairi",
soprattutto a riguardo dell'orario e della
costumistica, non possiamo non notare come questa
si rifaccia chiaramente all'immagine tipica degli
Oni: le corna, rappresentate dai bastoncini, e le

caratteristiche sovrannaturali, come le fiamme e il relativo fumo che esse sprigionano.

Un caso assai famoso fu quello di una donna che, si racconta, si affidò a tale rituale, avvenuto dove oggi si trova il Santuario Shintoista dedicato al Kami Seoritsuhime, nelle vicinanze del ponte sul fiume Uji, nell'omonima località: parliamo della rinomata Hashihime[34].

Il Kami Seoritsuhime è un Kami femminile che presiede il fiume locale e, attraverso le sue acque e la preghiera, libera l'animo umano dal peso del rimorso e delle cattive azioni compiute.

Tuttavia, come abbiamo già precedentemente visto, capita spesso che i Kami relativi all'acqua siano anche interessati all'amore, nelle sue varie forme. Probabilmente fu proprio questa associazione di idee che spinse, un giorno, una donna, che tanto odiava una rivale in amore, a recarsi presso il Santuario e ad iniziare a pregare incessantemente affinchè il Kami gli donasse il potere degli Oni, per poter uccidere la donna odiata.

Per sette giorni pregò, fino a che il Kami, impressionato dalla perseveranza della donna, le parlò: le disse che se davvero voleva diventare un Oni per soddisfare la sua ira, doveva colorarsi il viso e il corpo di colore rosso, infilarsi cinque bastoncini, con le cime in fiamme, tra i capelli a mò di corna e un lungo bastone ricurvo in bocca, anche questo con ambo le estremità in fiamme.

Con questo aspetto, avrebbe dovuto immergersi nel fiume per ventuno giorni consecutivi: così avrebbe ottenuto il potere che tanto bramava.

La donna seguì le istruzioni, nonostante la pioggia, il vento e il freddo della notte: per ventuno giorni consecutivi rimase tra le acque, talvolta perfino tumultuose a causa del tempo atmosferico o, come invece sostengono alcuni anziani della zona, agitate per volere del Kami, intenzionato a scoraggiare e dissuadere la donna dal proprio intento.

Tuttavia ella perseverò e, allo scadere dei ventuno giorni, divenne davvero un Oni: poté così soddisfare il proprio desiderio ed avere la sua vendetta.

Purtroppo, però, la storia non finì qui: la donna non aveva solo sviluppato l'aspetto ed i poteri di un Oni, ma anche la sua inarrestabile malvagità e, a causa di ciò, continuò ad infestare la zona, divenendo appunto nota come Hashihime.

Si pensa comunemente che questo sia stato il primo caso di utilizzo della "Ushi no koku Mairi", se non addirittura la creazione stessa della pratica.

Se tali supposizioni fossero vere, allora dovremmo

considerare che, in seguito, la pratica si sia notevolmente semplificata, eliminando elementi "scomodi", quali i ventuno giorni a mollo in un fiume, ma è, in ogni caso, interessante notare come alcuni elementi siano rimasti simili, quali, ad esempio, i dettagli numerici riguardanti le tempistiche: nella pratica derivata, l'oggetto della maledizione è destinato ad incontrare il suo destino dopo sette giorni, come sette furono i giorni di preghiera della Hashihime, prima che il Kami decidesse di concederle udienza.

Anche la costumistica si è semplificata, eliminando la pittura corporea e diminuendo il numero di bastoncini: tuttavia nella versione praticata dalla Hashihime va notata l'assenza del fantoccio di paglia.

Del Tempio Buddhista Rokudochinnoji e degli ingressi agli Inferi

Il legame tra l'immergersi nell'acqua e le creature infernali non si limita solo alla leggenda dell'Hashihime, ma, anzi, si accentua in alcune storie e luoghi fino ad arrivare a fondere questi due elementi.

Nel luogo ove oggi sorge il Tempio Buddhista di Rokudochinnoji si può trovare un vecchio pozzo di pietra, sigillato (uno dei tanti pozzi sigillati che raccontano storie tremende presenti in Giappone). In verità il pozzo è molto più antico del Tempio stesso e si dice che sia un passaggio per il Jigoku. Non è possibile avvicinarsi al pozzo[35], oggi coperto da una grata e attentamente sorvegliato dai monaci locali, tuttavia si racconta di sventurati monaci che, peccando di troppa curiosità, abbiano sbirciato attraverso la grata e abbiano più e più volte giurato di non aver visto, come ci si aspetterebbe, un fondo scuro o l'acqua, bensì un'altra uscita, del tutto simile a quella da cui si erano affacciati... solo che, dall'altra parte, non era presente alcuna grata...

Di Ono no Takamura e del suo importante lavoro

Un tempo, vi era un uomo di nome Ono no
Takamura.

Costui lavorava come burocrate per la Corte
Imperiale, in Kyoto, ma questo non era il suo unico
lavoro: quando calavano le tenebre egli lavorava
anche per il Jigoku, per l'esattezza per il suo
regnante Enma Daio[36] stesso e si serviva proprio
del pozzo che oggi è sorvegliato nel Tempio
Rokudochinnoji, per andare e venire tra i due
mondi.

Fu sotto richiesta e direzione artistica di Ono no
Takamura stesso che venne costruita la grande
statua che ritrae Enma Daio, anch'essa oggi
custodità nel Tempio.

Questa inquietante statua è divenuta la
rappresentazione ufficiale del sovrano del Jigoku:
d'altronde chi meglio di un suo fedele servitore
poteva dire come fosse fatto il sovrano del regno
dei morti?

Siamo a conoscenza di tutto ciò grazie al
tradimento della parola data da Fujiwara no
Yoshimi, un caro amico del nostro uomo.

Accadde che ad Ono no Takamura fu ordinato
dall'Imperatore un trasferimento in Cina, come
diplomatico, per studiarne la cultura e la società per
conto dell'Impero.

Ono no Takamura non poteva allontanarsi dal pozzo, poiché esso gli era necessario per espletare il suo lavoro per il Jigoku in questo mondo, così si inventò un malore che gli permettesse di rimanere a Kyoto.

Purtroppo per lui, però, venne scoperto e condannato a morte per aver mentito e tentato di sfuggire ad un ordinanza Imperiale.

Fu grazie all'intervento di Fujiwara no Yoshimi che Ono no Takamura ebbe salva la vita ed ottenne di essere soltanto esiliato presso un'isoletta al largo delle coste giapponesi.

Qualche anno dopo, purtroppo, Fujiwara no Yoshimi contrasse una grave malattia che lo uccise in breve tempo.

Tuttavia, proprio mentre si trovava nel Jigoku, dopo il trapasso, in attesa del giudizio finale di Enma Daio[37], apparve Ono no Takamura che ottenne di rimandare il momento della morte dell'amico, discutendone col sovrano degli Inferi stesso.

Prima che l'amico tornasse in vita, però, Ono no Takamura lo pregò di non fare parola dell'accaduto con nessuno: era essenziale che il segreto del suo lavoro per Enma Daio non venisse svelato.

Segreto che, oggi, tutti noi conosciamo.

Del piccolo Tempio
Buddhista di Yatadera

Un'altra testimonianza riguardante Ono no
Takamura ci perviene attraverso l'edificazione del
Tempio Buddhista di Yatadera, un piccolo Tempio

che si scava una nicchia quasi invisibile ai passanti, nel centro della zona dedicata allo shopping giovane di Kyoto.

In questo tempio si può trovare una statua Jizo Bosatsu[38] molto particolare e decisamente macabra: la statua, difatti, raffigura la misericordiosa Divinità circondata da fiamme infernali.

Mankei Jonin, un monaco Buddhista molto amato per via della sua pietà quanto per la saggezza dei consigli che dispensava, venne un giorno contattato da Ono no Takamura.

Quest'ultimo aveva bisogno proprio di consigli e aiuto spirituale, non per egli stesso ma per una "importante personalità" ad egli correlata.

Il monaco, credendo si trattasse di un qualche alto funzionario Imperiale, si aspettava di venir condotto all'interno del Palazzo dell'Imperatore o in un qualche abitazione nobiliare: possiamo solo immaginare lo stupore quando gli venne chiesto di calarsi in un pozzo e, dopo aver seguito l'uomo che lo aveva chiamato in aiuto, ritrovarsi proprio nel Jigoku: si, perchè l'eminente personalità a cui Ono no Takamura aveva accennato altri non era che Enma Daio in persona (per così dire) che, da un certo periodo versava in pessimo stato a causa delle

molte preoccupazioni, assillato da dubbi e pensieri.
Ed era proprio a causa di questi problemi, che non
permettevano al Sovrano degli Inferi di
concentrarsi come di dovere nel suo lavoro, che lo
svolgersi delle attività necessarie dopo il trapasso
degli uomini stavano subendo incresciosi intoppi:
Ono no Takamura aveva sperato che il gentile
monaco, attraverso la preghiera e il saggio
consiglio, trovasse una cura per tali mali dell'anima
permettendo il ripristinarsi della normalità.
E ciò avvenne, poiché grazie all'aiuto di Mankei
Jonin, Enma Daio iniziò a sentirsi meglio e, in
breve, poté riprendere il suo compito di sovrano del
Jigoku, maggiormente consapevole di sé e più
vicino alla percezione dell'Illuminazione Interiore e
della pace dei pensieri.
Il Re degli Inferi Enma fu molto grato per l'aiuto
che il monaco gli aveva concesso e, in forma di
ringraziamento, gli concesse di poter visitare, da
vivo, il Jigoku per un'unica volta.
Menkei fu travolto da ciò che vide: il dolore
dell'esistenza dopo la morte corporale, la punizione
eterna che gravava sugli uomini che erano stati
crudeli in vita e la cupa tragedia che incombeva
sulle anime che qui dovevano soggiornare, che
fosse per un tempo breve o lungo.

Tuttavia ci fu qualcosa, in realtà, che fece vibrare il suo gentile cuore ancor più di tutta questa situazione d'angoscia e sofferenza: si trattava di un'unica luce, letteralmente, pura e rasserenatrice, presente in quel luogo di tenebre.
Questi era il Jizo Bosatsu, poiché, proprio anche nel più tetro degli inferi vi è la grandezza divina, che lenisce i dolori e porta speranza.

Quando tornò nel mondo dei vivi, così forte il ricordo e così grande l'ammirazione per l'opera del Bosatsu, che Menkei Jonin immediatamente commissionò in suo onore una statua, il Jizo Bosatsu che oggi si trova nel Tempio di Yatadera. Il Tempio stesso fu richiesto proprio dal monaco Menkei Jonin e ottenne l'edificazione grazie al supporto del suo nuovo amico Ono no Takamura: un luogo dove pregare e ringraziare il lenitore dei dolori del Jigoku che, solitario tra le fiamme della sofferenza eterna, si prenda cura anche dei più corrotti tra gli uomini.

Del Tempio Buddhista di Senbonenmado e delle ultime visite

Sempre legato a Ono no Takamura è il modestoTempio Buddhista Senbonenmado[39], indubbiamente un luogo tetro e, specie nei freddi inverni, davvero spettrale. Non a caso era proprio questo il luogo in cui Ono no Takamura svolgeva il proprio lavoro per Enma Daio: al momento della morte di persone che, per indole o destino, avrebbero potuto creare problemi, come ad esempio tentare di sfuggire al giudizio finale, egli si recava sul posto e ne catturava l'anima, trascinandola quindi in questo luogo.

Sebbene possa sembrare un'opera crudele, era in realtà un duro lavoro per un bene comune: grazie all'operato di Ono no Takamura, era assai difficile per le anime piu problematiche, sfuggire al giudizio del Grande Re e alle pene che questo giudizio comportava, evitando che queste anime permanessero "illegalmente" nel mondo dei vivi, infestandolo sotto forma di yurei[40].

Anche questo luogo, quindi, pare sia un punto di collegamento tra il mondo dei vivi e il Jigoku, usufruibile, tuttavia, solo da chi sia già morto.

Per chi è ancora in vita, invece, è si un luogo tetro, ma anche un luogo dove onorare i defunti e propiziarsi un buon giudizio per l'ora della propria morte, levando preghiere a Enma Daio, la cui statua, è molto simile a quella del Tempio Buddhista di Rokudochinnoji.

Non è raro, infatti, trovarvi persone anziane o malate che, temendo una purtroppo prossima ora finale, vi si rechino.

Oltre a questa peculiarità, il Tempio rimane per

tutti, comunque, un luogo di preghiera e
meditazione, dove ricevere gli insegnamenti del
Buddhismo dai monaci.

Del Tempio Buddhista di Shinsensen e dei Draghi giapponesi

Sulla stessa strada del Tempio Buddhista di
Senbonenmado, proseguendo verso sud, proprio
accostato al magnifico Castello di Nijo, è possibile
trovare il bellissimo Shinsenen: un complesso
Buddhista in cui si denotano componenti
architettoniche tipiche dei Santuari Shintoisti
(tanto da spingere i visitatori ad interrogarsi sulla
natura della religione qui venerata): la realtà è che
il Tempio è certamente un luogo di preghiera
Buddhista, ma l'Entità venerata è un Kami,
elemento della Fede Shintoista[41].

Questo bellissimo complesso, decisamente non
l'unico del suo genere[42], ospita, inoltre, al suo
interno un magnifico giardino[43] che circonda un
altrettanto splendido laghetto (adornato da un
delizioso ponte cremisi).

Ed è proprio qui, nel limpido lago, che si trova il
vero luogo di culto del Tempio: esso infatti è la
dimora del Ryujin[44], il dragone benevolo e saggio.
Le origini di questa storia risalgono ai tempi
antichi: vi fu una brutta siccità, in una grande area
che comprendeva anche l'odierno Kansai[45], tanto
prolungata e drastica da far disperare le genti.
Il popolo, quindi, decise di chiedere aiuto e
consiglio ai monaci Buddhisti che, per pregare e
meditare, si recarono in questo luogo, per via

dell'atmosfera di pace e serenità che la zona emana: le loro preghiere vennero ascoltate e apparve Ryujin, portando con sé la pioggia.

Per evitare future siccità simili, colpito dalla bellezza del luogo, anche il Kami stesso decise di rimanere a vivere nel laghetto che la pioggia aveva appena creato.

Ancor oggi questo lago dimostra di essere la dimora del drago: pare infatti che, non importi quanto possa far caldo o per quanto tempo non piova, ma esso rimane sempre colmo di acqua fresca e limpida.

Altri Draghi nel Tempio Buddhista di Byodoin

Il Tempio Buddhista di Byodoin, situato nella cittadina di Uji, periferia di Kyoto, sorge ove anticamente era stata edificata la villa del famoso poeta Minamoto no Touru.

Alla morte di questi, passò nelle mani dell'Imperatore Uda che la donò, quindi, alla famiglia Fujiwara, nella persona di Fujiwara no Michinaga: da allora rimase, e rimane tutt'ora, propietà dell'importante famiglia.

Divenne un Tempio quando, alla morte di Michinaga, il figlio Yorimichi ne divenne il proprietario.

Sebbene l'importanza storica del Tempio maggiore, nonché dell'intero complesso, sia enorme, quello su cui ci focalizzeremo è un edificio minore, spesso ignorato dai visitatori, chiamato Kyozo: esso era, ufficialmente, una sorta di magazzino, in cui custodire importanti testi sacri del Buddhismo, tra i quali rari ed antichi Sutra[46].

Poiché per lungo tempo la famiglia mantenne nei suoi ranghi il ruolo di Sekkan[47] fu loro possibile collezionare numerosi tesori, che finivano, anch'essi, ad esser custoditi nel Kyozo.

Solo il maschio più anziano della famiglia possedeva la chiave di questo edificio e, ogni anno, nella data del 3 di Marzo, esclusivamente costui entrava nel Kyozo e, leggendo il sacro libro Kyouten, qui custodito, recitava la preghiera Issaikyou-e.

Oggi non si conosce esattamente il contenuto di tale edificio ma le genti di Kyoto mormorano che non siano custoditi solo oggetti la cui natura appartenga totalmente a questo mondo: la testa dell'Oni Shutendouji, portata come prova della sua sconfitta dal potente Samurai Watanabe no Tsuna, è un esempio di ciò che si mormora sia conservato all'interno del Kyozo[48].

Un altro esempio di tesoro sovrannaturale che si dice venga tenuto al sicuro all'interno dell'edificio è la pelliccia della perfida Kyubi no Kitsune, la Volpe magica a Nove Code, che prese forma di una bellissima donna di nome Tamamonomae per far cadere l'Impero in disgrazia, irretendo l'Imperatore e spingendolo a commettere atti turpi, tra i quali ingiuste condanne a morte.

Fujiwara no Yorimichi, colui che ordinò la costruzione del Tempio e del Kyozo, si narra che, una volta morto, si tramutò in un Ryujin, un Dio-Dragone che governa l'acqua e la pioggia, e che abbia preso dimora nel vicino fiume Uji.

Quando calano le tenebre, raccontano gli abitanti locali, esso si sposta nel lago del complesso Buddhista del Byodoin e sorveglia con cura e dedizione il Kyozo, come di giorno, invece, continuano a prendersene cura i membri della famiglia, suoi discendenti.

Ci sono due differenti linee di pensiero a riguardo di tale e tanta dedizione: una di queste afferma che egli protegga i tesori, unici al mondo, custoditi al suo interno, affinché nessuno provi a rubarli.

Un'altra ipotesi, tuttavia, ben più inquietante, afferma che il Ryujin sorvegli il Kyozo, non per timore che qualcuno dall'esterno possa commettere atti impropri, ma per prevenire che non lo faccia ciò che questo misterioso edificio contiene.

Se le leggende fossero vere, difatti, nessuno sa quali turpi eventi potrebbero scatenarsi nell'Impero se questi tesori sovrannaturali tornassero ad imperversarvi.

Per lungo tempo la famiglia Fujiwara si fece carico del ruolo di protettrice del Kyozo, garantendosi un posto vicino al trono e godendo di non pochi benefici da questo.

Le malelingue credono che il Kyozo contenga solo grandi tesori, concreti e materiali, oppure, ancora peggio, sia solo un vuoto stanzone coperto di polvere e ragnatele.

Del Lago Midorogaike e delle leggende metropolitane

Parlando di laghi non si può non citare il Midorogaike, un piccolo lago nella zona nord di Kyoto.

Le storie su questo lago sono molteplici, il che fa pensare che qualcosa che abbia permesso il loro proliferare ci sia davvero.

La più antica vicenda che vede protagonista il lago è una storia d'amore "non convenzionale": Kaneie, un potente uomo della zona, non aveva figli ma molto li desiderava, così andò a pregare nella vicina montagna e ricevette il miracolo di un bellissimo figlio partorito dalla moglie.

Quando questo bambino raggiunse i 18 anni d'età si sarebbe dovuto sposare, ma essendo molto critico verso ogni donna che gli veniva proposta in moglie, finì per rifiutarne ben 72.

Un giorno di pioggia, il ragazzo, disperato poiché temeva di non trovare una moglie che gli piacesse, si recò sulla stessa montagna in cui il padre aveva pregato per la sua nascita, e lì pregò affinché i Kami gli facessero trovare una bella moglie.

Stanco, si recò a riposare sulle rive del vicino lago, e lì si mise a suonare il flauto.

Tanto era bravo nel suonare che finì con l'attirare un grosso serpente nero[49] che viveva da lungo tempo nel lago.

Questi, vedendo quanto era bello il giovane, lo bramò carnalmente così tanto da decidere di prendere le fattezze di una giovane, bellissima fanciulla: così si appostò sulla via che il ragazzo avrebbe dovuto percorrere al ritorno.

Il giovane, quando vide la splendida fanciulla in cui era mutato il serpente, credette che fosse la risposta dei Kami alle sue preghiere: i due si amarono lì, sulla montagna.

Probabilmente a causa di un viandante che incappò nella scena e che ebbe modo di scoprire la realtà oltre l'illusione, ben presto si venne a sapere in città che il ragazzo aveva amato un grosso serpente.

La famiglia, per la vergogna, esiliò il giovane tra le montagne e di lui non si seppe più nulla.

Nei tempi più attuali, invece, il lago divenne noto come luogo infestato dai fantasmi.

Si dice che un paziente di un vicino ospedale, disperato e sofferente, fosse fuggito nella notte e fosse andato a suicidarsi proprio presso il lago.

Da allora iniziarono a spargersi voci che affermano che ancora questi, di tanto in tanto, appaia nei dintorni, tanto che i taxi ancor oggi tendono a non fermarsi nemmeno più ad accogliere un eventuale cliente solitario da quelle parti, specie dopo il tramonto.

Tuttavia la storia per cui il lago è più noto agli abitanti di Kyoto è quella che riguarda gli Oni.

Si ritiene che gli Oni prediligano vivere nelle vallate ma che, soprattutto quando la brama di distruzione li pervade, amino recarsi tra gli uomini a seminare danni.

La città di Kyoto, essendo protetta dalle quattro Sacre Bestie Protettrici, non è accessibile agli Oni[50] e la cosa li rende ancor più vogliosi di entrarci.

In una vicina vallata dove da tempo gli Oni si erano stabiliti (e, si dice, risiedano tutt'ora), questi bruti trovarono un passaggio sotterraneo naturale che portava fin dentro Kyoto stessa, eludendo le difese spirituali della città: questo passaggio sbucava proprio sul fondo del nostro lago.

Così iniziarono ad infestare la zona limitrofa, andando e venendo dalla loro valle tramite il lago, finché, un giorno, una famiglia di contadini, i cui campi producevano fagioli e che viveva proprio lì vicino, notò la cosa e, una volta che gli Oni si furono ritirati dopo aver seminato terrore e disperazione, iniziarono a lanciare fagioli (l'unica risorsa di cui disponevano) nel lago, tanto da ostruire l'ingresso del passaggio, ora non più segreto, utilizzato dalle perfide creature.

Gli Oni, come sappiamo, odiano i fagioli e questo

gli impedì di utilizzare tale ingresso, tant'è che, ancor oggi, gli abitanti della zona, per evitare il ritorno degli Oni, si recano al lago durante il Setsubun[51] per lanciare una manciata di fagioli.

Di Yase e della discendenza delle sue genti

La leggenda della valle degli Oni, tuttavia, non si limita solo alla storia del lago Midorogaike.

Un'altra storia pare confermare la sua esistenza, ovvero la storia degli abitanti di Yase, un tempo piccolo ed isolato villaggio, ora sobborgo nella zona Nord Est di Kyoto (pericolosamente vicino al Ki-mon).

Occorre precisare che, anticamente, pare che gli Oni fossero considerati creature non necessariamente malvagie, bensì si riscontrano antiche storie dove questi esseri vengono ritratti ancora, certamente, come rozzi ma di indole buona. Che il loro carattere sia mutato o che sia cambiato il modo di vederli, questo è ancora uno studio aperto.

Ma, volendo accreditare la teoria per la quale non sia stata la visione dell'uomo, a riguardo della natura e del carattere degli Oni, bensì il loro stile di vita ad esser cambiato, bisognebbe chiedersi quale sia stato il fattore scatenante di tale mutazione.

Al momento l'unico dato di cui disponiamo è assai fragile e mostra come questo mutamento abbia avuto luogo nello stesso periodo in cui in Giappone si iniziò a diffondere il Buddhismo.

A causa di questa coincidenza temporale sono nate teorie per le quali si sostiene che gli Oni si fossero incattiviti a causa di alcune azioni compiute dai

primi monaci, o da alcuni di essi, mentre altre
teorie, invece, affermano che gli Oni siano sempre
stati di indole malvagia e che le antiche storie in cui
venivano ritratti come benefattori altro non fossero
che un inganno operato dagli stessi Oni (o, più
probabilmente, da alcuni loro leader, più intelligenti
della media) per approfittarsi di chi gli avesse
donato fiducia.

I sostenitori di quest'ultima ipotesi affermano, se
interrogati a riguardo della faccenda legata alla
tempistica di questo cambiamento dei ruoli che
hanno avuto nelle precedenti storie, che
semplicemente i pii monaci buddhisti dell'epoca
hanno, per primi, saputo smascherare la vera indole
di queste creature[52].

Quale che sia la verità, comunque, ancor oggi si
tende a dividere gli Oni per il colore della pelle, ed
è credenza popolare che gli Oni dalla pelle rossa
siano inequivocabilmente maligni, mentre gli Oni
dalla pelle blu, a volte, possano essere creature di
buon cuore, che usano la loro grande forza per
aiutare gli uomini.

Gli abitanti del sobborgo di Yase si dice che
discendano dalle unioni tra uomini e Oni di indole
buona, giunti da una vicina valle... che sia la stessa

valle di cui si parla nella storia del lago Midorogaike?

Che questi "Oni buoni" abbiano defezionato proprio a causa della diversità di indole e si siano, quindi, stanziati nelle terre che oggi rispondono ai confini del sobborgo di Yase?

Può essere solo un caso, ma resta di fatto che la zona della valle, il cui nome è Rakuhoku, offre non pochi spunti di riflessione interessanti.

Di En no Matsubara e degli Oni che vi si nascondono

L'area oggi nota col nome di En no Matsubara fu, in passato, e certamente lo era nell'800, epoca in cui sono nate le storie di cui andremo a trattare, un'area di altissimi, folti pini giapponesi.

Se, durante il giorno, questa doveva esser stata una vera delizia per gli occhi, rimane innegabile che, una volta iniziata la fase calante del sole, le fitte ombre la

dovevano aver resa tetra e buia, tanto che gli
abitanti di Kyoto iniziarono a credere che fosse
popolata dai mostri, tali erano le brutte sensazioni
che, chiunque vi posasse lo sguardo, percepiva.
Una storia, in particolare, la lega alla figura degli
Oni.

Pare che, una notte, tre fanciulle si fossero finite per
ritrovare in grave ritardo sulla via di casa, tanto che,
nel passare presso i paraggi del fitto bosco, fosse
oramai giunta la sera.
Nonostante nessuna delle tre avesse percepito alcun
suono o sensazione che potesse preannunciare
alcunchè, all'improvviso, una mano, forte ma
gentile, afferrò il polso di una di queste ragazze (si
racconta che questa fosse la più carina delle tre).
La figura era quella di un uomo, era tale era la sua
bellezza che, nel guardarlo portar via, senza mai
dire una sola parola, la giovane, le altre due non
poterono far altro che rimanere immobili,
imbambolate mentre osservavano la loro amica
svanire tra le ombre del bosco.
Che fosse stata una malia o semplice stupore per la
situazione, non ci è dato saperlo ma, una volta che i
due svanirono dalla vista delle ragazze rimaste,
queste compresero il pericolo e, preoccupate per la

sorte dell'amica, si misero subito sulle sue tracce.
Fu solo con l'arrivo del giorno seguente, e con esso
la luce, che poterono ritrovare la loro amica... o
meglio, ciò che ne restava: in una pozza di sangue,
tanto grande da esser considerabile quasi un piccolo
lago, vi trovavano i piedi e le mani mozzate.
L'Oni l'aveva mangiata.

In un'altra storia, sempre riguardante l'area di En no
Matsubara, si narra che l'Imperatore Kazan, per
testare la lealtà e il coraggio di un suo ufficiale, tale
Fujiwara no Michitaka, gli ordinò di recarsi nel
bosco di pini al tramonto e di attendere lì il giorno
seguente.
Michitaka, realmente fedele all'Imperatore, non
indugiò e si recò immediatamente all'interno del
bosco, portando con se, come scudiero, il fratello
minore, Michinaga.
Appena il sole tramontò, tuttavia, i due udirono una
voce spettrale e minacciosa: sembrò loro come se
qualcosa di infinitamente oscuro e pericoloso stesse
girando loro attorno, nascosto tra le ombre,
deridendoli mentre si apprestava a saltar loro
addosso, precipitandogli dagli altissimi rami dei
secolari alberi.

I due erano davvero fedeli all'Imperatore, tuttavia se la diedero immediatamente a gambe.

Del Monte Ooeyama e del Signore degli Oni

Sebbene la direzione Nord Est sia, come già ripetutamente trattato, considerata sfortunata e comunemente associata agli Oni, vi è una storia che narra di un esemplare particolare di questi ma che,

invece, è ambientata nel Nord Ovest di Kyoto.
Stiamo parlando del famigerato Shutendouji, leader
di bande di Oni, di cui abbiamo già accennato
durante la trattazione del Ponte Ichijo Modoribashi,
discutendo di un suo "famoso" sottoposto e delle
sue gesta, e nel capitolo dedicato al Tempio
Buddhista di Byodoin.

Già nel 794 era risaputo che in direzione del Monte
Atago (Atagoyama), in cui la gente di Kyoto crede
vivano alcuni Tengu (creature di cui parleremo in
seguito) particolarmente schivi, vi fosse l'empia
tana di Oni straordinariamente forti, motivo che
spinse l'Imperatore Kanmu ad erigere, come
baluardo e protezione, il Santuario Shintoista
Daishogunhachi, fin dagli albori di Kyoto capitale.
La piaga di questi Oni durò per secoli e fu
solamente durante il regno dell'Imperatore Ichijo
(intorno all'anno 1000) che il loro leader venne
finalmente ucciso.

L'Era dell'Imperatore Ichijo fu un periodo di forti
differenze tra il mondo dei ricchi e dei possidenti e
quello dei poveri, con questi ultimi che soffrivano
enormemente.
E gli Oni, che si nutrono e vengono attirati dalla

sofferenza e godono delle disgrazie umane, imperversavano nei quartieri più poveri.

Tra questi vi era anche proprio Shutendouji[53].

Fu così che l'Imperatore Ichijou chiamò al suo cospetto il Samurai Minamoto no Yorimitsu, un guerriero leggendario noto col nome di Raikou, perché ponesse fine alle scorribande di questa banda di Oni.

Yorimitsu guidava un gruppo di quattro potenti Samurai e si diceva che nessun nemico, per quanto potente o numeroso, potesse tener testa ai Shitenno (i Quattro Re Celesti): Watanabe no Tsuna, Urabe no Suetake, Usui Sadamitsu e il leggendario Sakata no Kintoki[54].

I cinque si diressero vero Atagoyama, forti delle informazioni che Watanabe no Tsuna già aveva collezionato nella sua precedente avventura con un Oni di Shutendouji.

Sul tragitto apparvero loro tre Kami, in guisa di saggi uomini: Sumiyoshi Myochin, Iwashimizu Hachimangu e Kumano Gongen.

I tre Kami diedero ai Samurai un forte liquore, capace di donare una forza incredibile agli uomini che lo avessero bevuto, ma che, allo stesso tempo, prosciugava completamente le forze di un Oni che lo avesse anche solo assaggiato: il liquore chiamato

Jinbenkidokushu[55].

Fu così che i cinque proseguirono fino al monte Ooe e qui trovarono la tana dove Shutendouji si nascondeva e si presentarono al possente Oni come dei banditi desiderosi di servirlo e condividere con lui le disgrazie dell'Impero.

I cinque proposero all'Oni di siglare la loro amicizia bevendo assieme il liquore che avevano portato e fu così che l'Oni perdette la sua terribile forza e fu ucciso con facilità dai Samurai che tornarono a Kyoto senza neppure una ferita e recando, a mo' di trofeo, la testa dell'Oni, di cui fecero dono all'Imperatore.

Del famoso Samurai Watanabe no Tsuna

Membro dei Shitenno, i Quattro Re Celesti, gruppo di potenti Samurai leggendari che accompagnavano Minamoto no Yorimitsu, anch'egli Samurai nonché

ufficiale imperale: Watanabe no Tsuna, un uomo
che, nel periodo in cui visse a Kyoto, divenne
protagonista di numerose storie in cui combatté
mostri e demoni (come abbiamo già visto in
occasione dei capitoli riguardanti il Ponte Ichijo
Modoribashi e il precedente Monte Ooeyama).

Un'altra storia che lo riguarda è legata ad un'area
oggi nota col nome di Nanahonmatsu Ichijo e che si
trova nelle vicinanze del Santuario Shintoista di
Kitano Tenmangu.
Il prode Samurai, per le tante fatiche, si era ritirato
nella propria casa per qualche giorno, per riposare.
Fu così che gli si presentò in visita un monaco, per
pregare per lui e aiutarlo a riprendere le forze.
Tuttavia il Samurai aveva acquisito, vista la sua
lunga e sanguinosa esperienza riguardo alle
creature sovrannaturali, come una sorta di sesto
senso che lo rese fin da subito sospettoso riguardo
lo strano monaco.
Decise di accondiscendere alla sua proposta,
tuttavia, per poterlo, probabilmente, tenere d'occhio
ma, fin da quel primo incontro e giorno dopo
giorno, il prode Watanabe no Tsuna iniziò a sentirsi
sempre più stanco: la sensazione che venne
riportata nelle storie fu proprio quella di "come

perdere le forze".

Fu così che, una notte, il Samurai finse di ritirarsi per dormire ma, quando il monaco si avvicinò per pregare al suo cospetto, lo attaccò d'improvviso con la sua Katana che, si diceva, aveva la capacità di smascherare le illusioni.

E di illusione si parlava, poiché il monaco, ferito ad un braccio, dovette riprendere immediatamente le proprie reali sembianze, ovvero quelle di un enorme ragno.

Watanabe no Tsuna era troppo debole per inseguirlo, ma, avendo allertato i compagni Shitenno, furono questi ad occuparsi della vicenda: seguendo la scia di sangue lasciata dal mostruoso ragno, trovarono la sua tana e distrussero non solo il perfido mostro bensì anche la di questi prole che, intanto, aveva infestato il luogo.

Dei Tengu e delle loro arti formidabili

Fiumi e laghi hanno indubbiamente un ruolo molto interessante nei miti e nelle leggende giapponesi, ma anche le montagne, come abbiamo visto, con il loro fascino irraggiungibile e avvolte dalle nubi, tanto da aver ispirato opere d'arte di una bellezza mozzafiato, non sono mai state da meno.
Tuttavia il fascino e il timore viaggiavano di pari

passo, parlando dei tempi passati, quando i commercianti ed, in generale, i viaggiatori erano costretti ad attraversare questi silenziosi baluardi della terra che s'innalzano verso i cieli.

E i pericoli naturali non erano di certo pochi, specie quando il viaggio faceva sì che questi uomini dovessero attraversare gole, superare crepacci ed altre avversità assai pericolose, quando non, addirittura, mortali: dal pericolo reale, poi, agli scherzi della mente, specie durante le solitarie notti sui sentieri, il passo fu sempre assai breve.

E da queste atmosfere che, ci dicono, scaturiscono poi superstizioni, miti e mostri.

La più famosa delle figure legate alla montagna è senza dubbio quella del Tengu: potenti, misteriosi, a volte considerati al pari dei Kami, altre volte così crudeli da esser annoverati tra gli Yokai[56].

I Tengu sono degli uomini-uccello: condividendo caratteristiche fisiche con i corvi, come ad esempio le ali, che gli permettono di volare a grandi velocità, hanno un corpo quasi del tutto umano.

Il volto viene descritto alle volte come quello di un uomo ma dalla pelle rossa e con un naso esageratamente lungo.

Altre volte, invece, il volto è un miscuglio tra

quello umano (come forma e conformazione) e quello di un corvo (soprattutto riguardo gli occhi, eventuale presenza di piumaggio scuro e il becco): in questo caso, spesso, anche solo per distinguerli, questi vengono chiamati Karasutengu[57].

I Tengu vestono proprio come gli umani, anzi spesso il loro stile richiama quello dei monaci buddhisti eremiti delle montagne, da cui poi nasce il termine Yamabushi Tengu[58], non di rado usano portare con sé un ventaglio ottenuto da foglie di grandi dimensioni e un bastone Shakujo[59].

Inoltre i loro nomi finiscono quasi sempre per –bou, ovvero il kanji il cui significato principale è, appunto, proprio monaco buddhista.

Secondo le credenze popolari, inoltre, monaci e praticanti di una vita di stampo prettamente religioso, hanno grosse possibilità di reincarnarsi, alla morte, in Tengu, il che porta ad una dualità di questa figura: vi sono Tengu noti per le loro azioni pie e benevole quanto Tengu tristemente ricordati per il male che hanno compiuto.

Inutile sottolineare una chiara rappresentazione del potere, capace di far del bene quanto del male ma sempre in grandi misure.

Il Re dei Tengu, una figura che appartiene indubbiamente alla categoria delle più benigne tra queste creature, viene chiamato Oo-Tengu[60] Sojobo, ed è raffigurato come un anziano ma imponente Tengu del tipo dal volto umano, con lunghi e vaporosi capelli bianchi.

Oo-Tengu Sojobo vive sulle cime del Monte Kurama, a Nord di Kyoto, sede del Tempio Buddhista Kuramadera.

Austero e severo, il Signore dei Tengu non sopporta i blasfemi, gli arroganti e i corrotti.

Si vocifera che nella precedente vita fosse stato un importante monaco buddhista, uno dei primi del Giappone e che, di conseguenza, in questa attuale incarnazione, egli sia estremamente anziano.

Divenne noto anche al di fuori di Kyoto soprattutto per la sua apparizione nelle memorie del Samurai Minamoto no Yoshitsune (intorno all'anno 1100), noto guerriero, tattico e protagonista di svariate opere letterarie (antiche e moderne), nelle quali si racconta che il Samurai ricevette proprio dal Tengu la sua conoscenza del kenjutsu[61] e della tattica militare.

Il più sciagurato di tutti i Tengu è indubbiamente Oo-Tengu Daimaen, ovvero l'Imperatore Sutoku Joko.

Dell'importanza del Santuario di Shiramine

Nel 1119 nasce il primogenito dell'Imperatore Toba, Sutoku Joko.
Tuttavia alcune voci affermarono che il bambino non fosse in realtà il figlio dell'Imperatore, bensì

del di questi padre, l'Imperatore in ritiro Shirakawa. Quale che fosse stata la verità, i dati ci dicono che la vita di Sutoku Joko fu comunque una vita da recluso, e di come questi fosse odiato e maltrattato dal padre.

Tale e vasto era questo odio, che il regno di Sutoku Joko come Imperatore fu assai breve[62]: la nascita dell'ottavo figlio dell'Imperatore in ritiro Toba, nel 1139, segnò la perdita del Trono di Crisantemo[63], ottenuto dopo grandi difficoltà nonostante Sutoku fosse il primogenito.

Nel 1142, quindi, l'Imperatore Sutoku veniva forzato dal padre ad abdicare e a lasciare il Trono al fratello più giovane, Konoe, di soli 3 anni.

Gia derubato, quindi, della propria eredità, si ritrovò ad affrontare, nel 1156, la responsabilità per aver fallito nel sedare la Ribellione Hogen[64] e per questo venne costretto a ritirarsi, condannato all'esilio[65]: l'Imperatore in esilio Sutoku non perdonò mai l'intera sua famiglia per ciò che aveva dovuto patire e arrivò, difatti, a maledirla pubblicamente nell'oggetto del nuovo Imperatore Go-Shirakawa.

Nel suo esilio, tuttavia, mantenne la norma di Imperatore in ritiro e si rasò il capo, entrando a far parte di un ordine monastico buddhista.

In qualità di monaco, quindi, trascrisse numerosi testi (compresi testi sacri) e, se le leggende raccontano il vero, pentito per le sue reazioni cariche d'odio, nel tentativo di riconciliarsi con la corte, fece dono di uno di questi testi.

Tuttavia, l'Imperatore Go-Shirakawa, non accettò tale dono temendo fosse parte della maledizione che Sutoku aveva lanciato sulla sua stessa famiglia.. e, in tutta sincerità, non è difficile immedesimarsi in questa reazione di paura dell'Imperatore, se teniamo da conto che il dono principale fu proprio un testo ricopiato usando come inchiostro il proprio sangue[66].

Quest'uomo covò odio e rancore per l'intera sua esistenza, nonostante fosse un devoto religioso, così alla sua morte (1164), durante la quale si dice che continuasse a maledire l'interno Giappone a denti stretti, divenne (o si reincarnò) in un Tengu: Oo-Tengu Daimaen.

Tante e di tale intensità furono le sciagure che questo Tengu portò da allora sull'intero Giappone che le cronache divengono quasi resoconti giornalieri di disgrazie: epidemie, incendi, carestie, tradimenti.

La maligna influenza di questa creatura era tale che ovunque andasse, nasceva il malcontento nel popolo e i colpi di stato si susseguivano ovunque, numerosi.

Già durante il regno dell'Imperatore Nijo (succeduto a Go-Shirakawa), si ventilò l'ipotesi di provare a placare l'ira di Sutoku tramite l'intercessione e preghiera di monaci buddhisti, e così venne ordinata l'edificazione del Tempio Buddhista di Tonshouji[67.]

Purtroppo, però, il piano fallì e l'Imperatore Nijo stesso morì di una misteriosa quanto fulminea malattia alla giovane età di 22 anni: le storie raccontano di come nessun medico, monaco o sacerdote fosse stato in grado di comprendere di che malattie si trattasse né, men che meno, poterne diagnosticare alcuna cura... cosa che, ovviamente, fece fin troppo facilmente ricadere la colpa sul Tengu Oo-Tengu Daimaen.

Anche a ragione, per quel che ne sappiamo.

Fu solo con l'avvento dell'Imperatore Meiji[68] che si riuscì a porre fine queste malefatte: l'Imperatore, difatti, decise di non contrastare l'animo tormentato di Sutoku Joko ma di "assecondarlo", placandone la furia tramite la concessione.

Fece costruire così il Grande Santuario Shintoista di Shiramine, non lontano dal Palazzo Imperiale a Kyoto, dove Sutoku Joko guadagnò la preghiera e il rispetto al pari di un Kami.

Sembra che questo piano abbia avuto successo, poiché da allora nessuno ha mai più raccontato di avvistamenti del maligno Tengu e la sua infausta influenza parve cessare: ogni Settembre, da allora, gli Imperatori del Giappone, fanno svolgere il Sutoku Tenno[69] Matsuri, una cerimonia sobria ed elegante che spesso ospita opere del Teatro Noh[70] a cui membri della Famiglia Imperiale stessa partecipano.

Chi, oggi, si recasse in visita presso il Santuario di Shiramine rimarrebbe non poco stupito pensando a questa storia poiché si ritroverebbe all'improvviso in un vero e proprio santuario dedicato al gioco del Calcio (e dei vari sport con la palla).

Questo perché, anticamente, la nobile famiglia Asukai era strettamente legata a questo santuario: questa famiglia era notoriamente estremamente appassionata del gioco chiamato Kemari, un antico gioco giapponese in cui i partecipanti, per lo più nobili o comunque benestanti, si sfidavano a colpire una palla esclusivamente con i piedi senza che questa toccasse mai il suolo.

Fu così che venne eretto, in onore a questa famiglia, all'interno del Santuario stesso, un monumento di pietra che riporta una palla incastonata a riproduzione della palla usata nel Kemari.

Il gioco, inoltre, in breve e fino all'epoca attuale, in cui non vien più praticato se non proprio in forma rituale presso questo Santuario, divenne un po' un simbolo: la difficoltà agonistica riflette lo sforzo di chi si trova sottoposto a dei test, di qualsivoglia natura, che non ci si può permettere di fallire.

Ancor oggi il monumento vien quotidianamente visitato da uomini d'affari come da studenti e altri abitanti ancora.

Nei tempi moderni, inoltre, le similitudini tra il gioco del Kemari e quello del Calcio fecero sì che il santuario divenisse un luogo di preghiera per i tifosi delle varie squadre o dei fans dei singoli calciatori: si possono trovare numerosi palloni, non solo di Calcio anche se questi sono la stragrande maggioranza, molti dei quali con preghiere dei tifosi ma quasi altrettanti con autografi di sportivi più o meno famosi.

Del potere spirituale del Monte Kurama

Il luogo più strettamente legato alla figura del Tengu è indubbiamente il Tempio Buddhista di Kurama, locato nell'omonima montagna. La montagna, come già narrato in precedenza, si ritiene sia abitata dai Tengu e il Tempio, in special modo, è noto come luogo sotto la diretta protezione del sovrano dei

Tengu, Oo-Tengu Sojobo, di cui già discusso.
Tuttavia il Tempio ha molte altre storie interessanti
da raccontare, una tra tutte è quella che riguarda
proprio la sua origine.

Durante l'era in cui Nara[71] fu capitale del
Giappone, un uomo di nome Ganchoushounin[72]
decise si risalire il monte Kurama, come pratica
per il corpo e per lo spirito, nonché convinto di
poter trovare un momento di illuminazione
spirituale sulla sua vetta.
Accadde però che, prossimo alla fine del suo
cammino, l'uomo venne assalito da un Oni e non
avrebbe avuto scampo se non fosse apparso
Bishamonten in persona a salvarlo.
Bishamonten, o più comunemente Bishamon, è
una Divinità Buddhista della guerra, dei guerrieri e
della giustizia che si dice sia giunta da terre
lontane[73].
Le sue effigi si trovano spesso sia in Templi che
Santuari, poiché è considerato sia protettore dei
luoghi ove Buddha ha predicato la sua parola che
guardiano dei Santuari Shintoisti.
Viene spesso rappresentato come un uomo in
armatura, armato di una lancia e con in mano uno
scrigno, nel quale si trovano gli insegnamenti

divini che egli sia protegge che distribuisce.

La sua origine importata è anche denotata dalla sua immagine nel Credo Shintoista, dove appunto, assieme ad altre sei Divinità, dette "le Sette Divinità della Fortuna", è rappresentato giungere tramite una barca.

Ganchoushounin, sia come forma di ringraziamento per l'intervento divino, sia credendo che la Divinità risiedesse quindi nella montagna, edificò da solo, con le proprie mani, un Sodo, ovvero una sorta di abitazione estremamente minimalista, atta esclusivamente a permettere al corpo di mantenersi in salute, proteggendolo dalle intemperie, e che, essendo allo stesso tempo scevra di tutte le distrazioni dei beni materiali che interferiscono con la preghiera e la meditazione, ne facilitasse la pratica.

Vicino al Sodo creò inoltre il Matsuru, una costruzione atta ad ospitare la Divinità e dinnanzi alla quale è possibile recarsi per pregare.

Quando Kyoto divenne capitale[74], subito dopo l'era di Nara, Fujiwara no Isendo, un importante cortigiano imperiale incaricato della ricerca e costruzione di luoghi sacri per la nuova capitale, si trovò a visitare il monte e vide ciò che Ganchoushounin aveva costruito: decise che il luogo era evidentemente sacro e non esitò ad ordinare la costruzione di ciò che sarebbe infine divenuto l'attuale Tempio di Kurama e che, dalla montagna, avrebbe protetto la sottostante nuova capitale.

Questa è una storia che è possibile trovare nei libri, scritta in racconti e per lo più considerata ufficiale. Tuttavia, gli abitanti di Kyoto, raccontano un'altra storia, una non scritta ma più presente nel cuore di questa città e in quello dei suoi abitanti: la storia di Sanato Kumara.

Circa 6.500.000 anni fa, quando il mondo e la razza umana erano ancora giovani e il Giappone poco più che una terra da poco abitata da genti civili, dalle stelle[75] giunse una Divinità, il cui nome è Sanato Kumara.

Quando giunse sul Giappone[76] e vide la giovane razza umana, decise di volersi ergere a suo protettore, così scelse un grande albero, proprio sulla cima del monte Kurama, e divenne tutt'uno con esso, affondando sé stesso nelle radici del Giappone, protendendo sé stesso nei rami verso il cielo.

Kurama, in passato, era un luogo che incuteva un certo timore reverenziale nei giapponesi: a causa dei molti alberi di grosse dimensioni, il luogo era buio ed, essendo in montagna, diventava già dal pomeriggio fin troppo buio e quindi pericoloso, ma da quando la storia di Sanato Kumara (in seguito noto col nome di Gohomaoson) divenne nota, pare che l'umore del popolo mutò velocemente.

Inoltre, probabilmente grazie alla preghiera collettiva degli uomini che si tramandarono la storia della venuta della Divinità dalle stelle, il luogo stesso, si racconta, ebbe come una mutazione, divenendo man mano più luminoso e l'atmosfera più serena e sicura (per quanto fosse possibile per una montagna ricca di enormi alberi).

Per ringraziare Gohomaoson della sua protezione venne creato un piccolo santuario che, col tempo, divenne il Maoden[77] in cui, ancor oggi, la Divinità venuta dalle stelle viene adorata.

Un dettaglio degno di nota è l'immagine che si ha di questa Divinità: un uomo grande, dai lunghi capelli e barba bianchi e con delle ali piumate sulla schiena.

È la stessa immagine con cui viene descritto comunemente il sovrano dei Tengu, Oo-Tengu Sojobo.

Che sia semplice contaminazione da una figura mitica verso l'altra, coincidenza o semplicemente che il popolo, dinnanzi alla grandezza di esseri come Divinità e Tengu, finì per confondere, fondere e mescolare le due figure, fatto sta che questa immagine di un grande uomo con la barba lunga e bianca ed ali è strettamente legata al Monte Kurama.

Se si ha la fortuna di capitare nei pressi del Monte Kurama nel mese di Giugno, si potrà assistere ad uno spettacolo a dir poco emozionante: è un Matsuri, poco conosciuto perchè strettamente intimo della città di Kyoto e dei suoi abitanti (sebbene sia, ovviamente, aperto a chiunque), dove i partecipanti si impegnano in una gara di taglio del bambù.
Dal risultato, derivante da numero, velocità e stato del bambù dopo il taglio, viene predetto il destino dell'anno a venire riguardo l'agricoltura locale.
Questo Matsuri, come molti, in realtà, se non tutti, attinge ad una storia antica: un monaco che si stava dirigendo presso il Tempio di Kurama per pregare, venne assalito da due enormi serpenti, uno di sesso maschile e uno di sesso femminile.
Ma il monaco era un uomo di grande Fede e recitò prontamente le parole di un Mantra[78] e, tanto la Fede del monaco era potente e tanto nero l'animo

dei due serpenti, che il maschio, investito in pieno
dalla potenza delle parole sacre, si ritrovò tagliato
a metà, come se una lama lo avesse colpito.
La femmina, vedendo il destino del compagno e
temendo di esser prossima a ricevere la stessa
morte, pregò il monaco di risparmiarla,
promettendo che se egli le avesse dato una seconda
possibilità, lei si sarebbe per sempre insediata in un
vicino pozzo e avrebbe usato tutti i suoi poteri per
renderlo sempre colmo della più fresca e pulita
delle acque.
Il monaco acconsentì e il serpente mantenne la sua
parola: da allora il pozzo[79] ha continuato a donare
acqua a chi vi attinge.
Il taglio del bambù rappresenta la sconfitta del
serpente maschio, tagliato dalla potenza della
Fede, e la benevolenza del destino che ha
trasformato una sciagura in buona sorte.

Del Monte Hiei e del complesso Buddhista Enryakuji

Fin dall'antichità si è sempre ritenuto che il monte Hiei fosse la dimora del Kami Ooyamakui no Kami e molti, quindi, affrontando le impervie difficoltà dei sentieri montani, vi si recavano per preghiera.

Il noto monaco buddhista Dende Taishi Saicho edificò il tempio Ichijoshikanin che divenne in breve popolare come una sorta di ingresso per la montagna e che, quindi, consentiva ai mortali di avvicinarsi in maniera degna al Kami.

Il Tempio, inoltre, venne considerato fin da subito come molto importante per la sicurezza delle genti di Kyoto poiché si trovava proprio tra la città e la famigerata direzione in cui si credeva vi fosse il terribile Ki-mon

Perfino la scelta dei monaci che vi avrebbero preso sede, difatti, non fu casuale: sia Saicho che i suoi seguaci si dice che avessero enorme potere spirituale e fossero estremamente abili nel combattere gli Yokai: fu grazie alla vita di sacrificio e lotta di questi difensori che oggi il luogo ospita tre tra i luoghi più spiritualmente potenti della prefettura.

Il primo, e forse più famoso, è il Ganzan Daishi Mimyo: il luogo di sepoltura del monaco Jie Daishi Ryoden.

Questi era un monaco di grande potere spirituale, tanto che, quando la capitale fu vittima di un'epidemia che ne stava decimando la popolazione, causata dal maligno Kami Yakubyogami,fu proprio costui che si impegnò nel debellarne la funesta influenza.

La storia narra che, ponendosi dinnanzi ad uno specchio, il monaco si concentrò in profonda meditazione tanto da far apparire il riflesso un mostruoso Oni.

Il potente uomo, allora, ordinò ad un discepolo di farne un ritratto che, una volta completato, benedisse di persona: l'epidemia venne in breve debellata.

Fu allora che Jie Daishi Ryoden si guadagnò il titolo onorifico di Tsu no Taishi.

Un secondo luogo spiritualmente notevole che si trova in questo complesso Buddhista è il Jininkashiobyo: il luogo di sepoltura del Tendaizassu[80] Jinin, discepolo per via diretta di Jie Daishi Ryougen.

Ai tempi in cui Tendaizassu Jinin era un semplice monaco, questi si addestrò così duramente da divenire un esempio di dedizione per i propri compagni.

La sua dedizione non fece che accrescersi col passare del tempo, tanto che, quando morì, volendo proteggere i dettami della scuola con tutto sé stesso, si narra che divenne uno Yokai noto come Ichiganissoku[81]: dal momento della sua morte, ogni notte, lo Yokai suona la campana qualora i suoi discepoli e i loro discendenti si addormentino nell'esercizio della preghiera e meditazione, mancando ai loro doveri.

Infine, ultimo non per importanza, vi è il Tendaigongenhokora: anticamente il Monte Hiei era dimora dei Tengu e questi, disturbati dall'arrivo dei monaci, decisero di spingersi maggiormente in profondità nel monte per evitarne il contatto.
Ma il trasloco venne visto da alcuni di questi Tengu come un atto forzato e per questo crebbe in loro una certa animosità nei confronti degli uomini del Tempio, visti come usurpatori, un astio che li spingeva a continui disturbi e dispetti, che impedivano il regolare procedere dell'addestramento monacale.
Fu grazie alle parole di potere, recitate con grande Fede ed energia spirituale, dal monaco che qui giace, che il Grande Tengu Jorobo, signore dei Tengu del Monte Hiei, fu infine scacciato e non si poté più avvicinare al Tempio.
Alcuni monaci raccontano che, specie nelle notti più ventose e buie, alcuni Tengu si manifestano nei pressi della zona di sepoltura, per tentare di debellare il divieto magico che il monaco gettò sul

loro signore: al momento, tuttavia, pare non
abbiano ancora avuto alcun successo.

Per il Buddhismo giapponese, il Monte Hiei ricopre
un ruolo fondamentale, considerato come una sorta
di Mecca: alcuni lo ritengono l'epicentro da cui
questa Religione sia nata e si sia, in seguito, diffusa
nel Paese.
Nonostante non vi siano dati storici che corroborino
tale idea, questa, tuttavia, permane e decisamente
ben salda.

Del passato della Via Senbondori e dei mille Sottoba

La via anticamente nota come Suzaku Ooji fu una grande ed importante arteria cittadina che collegava, al momento della sua costruzione, il portale del Palazzo Imperiale con il cancello cittadino a Sud.
Tuttavia la scelta dell'edificazione iniziale del centro imperiale non fu delle più felici: la zona che si trovava subito ad Ovest (chiamata Ukyo) di questa via/spartiacque creò numersi problemi poiché soffriva di una forte impermeabilità del

terreno e quindi tendeva ad allagarsi e rimanere ricca di pantani ristagnanti, allagandosi ad ogni prolungata pioggia.

Le conseguenze possono esser facilmente immaginabili: un proliferare di ambienti malsani che favorivano l'addensamento di insetti, anche infettivi, e lo spargersi di pericolose epidemie (come, ad esempio, la malaria).

In breve, i cittadini che poterono permetterselo, si trasferirono, uno dopo l'altro, abbandonando le abitazioni e i negozi, rendendo l'area una zona povera e pericolosa, abitata solo da genti estremamente povere o criminali, entrambi disposti a tutto poiché non avevan più nulla da perdere.

Non essendoci mai fine alla sfortuna, due gravi incendi, noti col nome di Taroushobou e Jiroushobou, di cui uno divampò fino a raggiungere il Palazzo Imperiale, rischiando di divorarlo nelle fiamme, resero il quartiere un vero e proprio cimitero a cielo aperto.

Si decise, infine, di spostare il Palazzo Imperiale in una zona che fosse più ad Est di quella dell'epoca, per allontanarlo da tale area, ma, essendo Kyoto, come abbiam discusso nelle prime pagine di questo libro, una città la cui planimetria segue leggi e regole ben precise, per spostare il Palazzo

Imperiale si sarebbe dovuto provvedere ad un rifacimento dell'intero centro cittadino ed un allargamento nella zona Est, per ricalibrare il tutto mantenendo la dimora dell'Imperatore comunque al centro della pianta cittadina.

Le operazioni furono davvero qualcosa di grandioso e, grazie a questi sforzi, finalmente, le cose iniziarono ad andar meglio: l'unica a pagarne realmente le conseguenze fu l'area Ukyo e la via Suzaku Ooji che, non trovandosi più connesse con il Palazzo Imperiale, divennero un'abbandonata periferia.

La via venne fatta proseguire, fino a raggiungere i piedi del Monte Funaokayama: questa "nuova" propaggine della strada viene oggi chiamata dagli abitanti di Kyoto col nome di Senbondori, la via dei mille[82].

Presso il Monte Funaokayama vi era un noto luogo di sepoltura, chiamato Rendaino, e così, partendo dal cimitero e rientrando in città, gli abitanti presero l'abitudine di posizionare, ai lati della strada, delle tavolette Sottoba[83]: col tempo le tavolette, si dice, raggiunsero il migliaio e per questo la propaggine venne ribattezzata "la strada dei mille".

Un'altra storia, però, narra che un uomo di nome Nichizo, durante il periodo in cui studiava per divenire monaco Buddhista, morì di un improvviso male.

Quando si ritrovò nell'Aldilà, incontrò l'Imperatore Daigo e l'ufficiale imperiale Sugawara no Michizane.

L'Imperatore parlò con Nichizo e chiese a questi di tornare nel mondo dei vivi con la missione di aiutare Michizane a placare la sua ira, poiché gli era divenuto intollerabile condividere con l'iracondo defunto l'Aldilà.

Al monaco venne quindi concesso di ritornare in vita e, per onorare la promessa fatta al defunto Imperatore, creò un sentiero dove posizionò mille Sottoba in onore del defunto ufficiale, placandone lo spirito

Dell'antico cimitero di Adashino Nenbutsuji

Questo Tempio Buddhista si trova nella zona di Arashiyama ed è stato fondato dal famoso monaco Kuukai, l'inventore della scrittura kana[84].
Era usanza, tra i poveri e nullatenenti, di portare i

corpi dei loro cari defunti nell'area dove oggi si trova il Tempio, per lasciarveli, così che nel decomporsi nutrissero la terra.

Nessuno provava pietà per questi corpi, spesso portati anche solo per allontanarli dalle strade o dalle baracche in cui morivano in solitudine e silenzio, per cui il pio monaco, nel venir a conoscenza della situazione, decise di erigere questo Tempio, accompagnandolo da una vasta area in cui fece erigere numerosissime Ishibotoke[85]: oggi se ne contano più di 8000.

È credenza comune che durante il Jizobon, una festività dedicata ai morti che cade ogni anno nella notte tra il 23 e il 24 di Agosto, questi morti abbandonati tornino tra i vivi per un istante, per ricevere le preghiere e la pietà che non hanno ricevuto al momento della loro morte.

Durante il festival, come in tutti i festival per onorare i morti, si accendono numerose lampade di carta e si respira un'atmosfera di vicinanza e solidarietà molto forte.

Di Sugawara no Michizane, patrono degli intellettuali

La gente di Kyoto ha un nome per Raijin, la divinità che presiede il tuono (e, quindi, strettamente legata ai Kaminarisama, le Divinità dei fulmini): questo nome è Sugawara no Michizane.

Oggi il nome di Sugawara no Michizane viene invocato nelle preghiere dei giapponesi che hanno bisogno di ottenere lucidità mentale e mente lucida, un aiuto nel superare test scolastici e altre prove che coinvolgono il pensiero, poiché è noto come, in vita, Michizane fosse stato un genio.

La sua storia ha delle somiglianze con quella di Sutoku Joko (di cui abbiamo già discusso parlando dei Tengu): ai tempi dell'Imperatore Uda[86], Michizane era stato chiamato a lavorare per la Corte proprio in virtù del suo acume, ma fu l'erede dell'Imperatore Uda, l'Imperatore Daigo[87], che riconobbe davvero la grandezza dell'intelletto di Michizane, nominandolo Ministro e facendolo suo consigliere più vicino e ascoltato.

Questo però fece acuire l'invidia e la gelosia degli altri cortigiani che, temendo di perdere ancor più potere, vollero screditarlo agli occhi dell'Imperatore, spargendo maldicenze e falsità, la più grave delle quali, nonché fatale, riguardava l'organizzazione di un colpo di stato ad opera di Michizane stesso ai danni dell'Imperatore.

Nonostante fosse totalmente innocente ed estraneo agli eventi, perdette tutto ciò che aveva e venne esiliato lontano dalla Corte, dove visse in depressione, tristezza e sconforto gli ultimi, pochi, anni della sua vita.

Fu subito dopo la sua morte che in Kyoto si iniziarono a verificare incidenti sempre più gravi che colpirono, dapprima, proprio i suoi calunniatori.

Un esempio fu quello di Fujiwara no Tokihira, colui che più di tutti aveva ordito contro il geniale studioso, che, sul letto di morte, vide apparire il fantasma irrequieto di Sugawara no Michizane, sotto forma di un terribile dragone.

Da allora il suo casato perdette tutto il suo potere, a partire dal figlio che finì per essere allontanato dalla Corte a causa di strane voci su un suo dubbio comportamento notturno: pare che questi urlasse, gemesse e piangesse a gran voce, cosa che fece temere che stesse impazzendo.

Perfino la Famiglia Imperiale stessa subì lutti e dolori: molti bambini morirono assai giovani quella generazione e la stessa cosa accadde per quella successiva e successiva ancora[88].

Il culmine si ebbe in un giorno di forte pioggia, durante la quale, alcuni cortigiani giurarono di vedere, tra le nuvole, la sagoma di Sugawara no Michizane, deformata dall'odio tanto da esser divenuta in tutto e per tutto simile a quella delle raffigurazioni del Dio Raijin stesso.

Nella sua furia, Michizane comandava ai fulmini di abbattersi ripetutamente sul Palazzo Imperiale e il risultato fu la morte di molti cortigiani e numerose vittime di gravi ferite, tra cui l'Imperatore Daigo stesso che, quel giorno, contrasse una misteriosa malattia che lo avrebbe di certo ucciso in breve, com'era stato per alcuni suoi figli e nipoti, se non avesse intuito l'orrore della verità: riabilitò quindi immediatamente il nome di Sugawara no Michizane e, nonostante fosse questi oramai morto, lo rinominò Ministro.

Immediatamente il susseguirsi di disastri in Kyoto ebbe termine e l'Imperatore, tornato in salute, diede vita ad un culto di Sugawara no Michizane, sotto forma del Kami Raijin[89], presso il Santuario Shintoista di Kitano Tenmangu, come protettore dello studio e degli studiosi.

Del Santuario Shintoista di Kamigoryo e dei suoi fantasmi

Nel mese di Agosto si festeggiano in Giappone gli Obon, delle celebrazioni in onore dei defunti.
Una particolare celebrazione tipica di questo periodo reca il nome di Goryo-e.

I Goryo sono dei fantasmi, anime tormentate di persone dell'alta società, decedute di una triste morte che non hanno mai accettato: la cerimonia del Goryo-e si preoccupa proprio di placare queste anime e aiutarle a trovare la pace dopo la morte, attraverso il ricordo e la preghiera.

Il Santuario Shintoista di Kamigoryo è uno dei principali Santuari atti ad ospitare tali cerimonie e sorge ove, fin dall'antichità, si trovava un bosco sacro adibito proprio alla medesima pratica.

La costruzione del Santuario fu ordinata dall'Imperatore Kanmu[90] e dedicato al fratello minore Sawarashinno, nominato Imperatore (col nome di Sudo) dopo la sua morte, avvenuta sotto tragiche evenienze.

La capitale, allora, era situata a Nagaoka[91] e la sua planimetria era stata creata e studiata con attenzione da Fujiwara no Tanetsubu.

Nel 785 costui venne assassinato e furono messe in giro voci secondo le quali il mandante di tale assassinio fosse stato proprio Sawarashinno, che venne, quindi, subito incarcerato.

Per tutto il periodo di prigionia, il principe si rifiutò di mangiare, proclamandosi ripetutamente innocente: venne, tuttavia, giudicato colpevole dal fratello maggiore, che ne ordinò l'esilio nell'isola di Awaji[92].

Purtroppo, durante il viaggio, lo sventurato principe morì: le cause pare che fossero state sia la rabbia per l'ingiustizia subita che le privazioni che si era autoimposto durante il periodo di reclusione.

Dal momento della sua morte, si scatenarono sulla Famiglia Imperiale una serie di morti improvvise e più di una calamità naturale si abbatté sulla capitale, fino a quando l'Imperatore Kanmu comprese l'errore commesso e proclamò l'innocenza del fratello minore, nominandolo col titolo di Imperatore, sotto il nome Sudo, ed elevandolo al rango di Kami, ordinando che venisse onorato, appunto, nel Santuario Kamigoryo, costruito in suo onore proprio come avvenuto per Sutoku Joko e Sugawara no Michizane.

Del Portale sparito:
Suzakumon Ato

 Abbiamo già
potuto vedere
come la via
Suzaku Ooji abbia
avuto la sfortuna
(nonostante
colleghi due
luoghi ove
dimorano le Sacre
Bestie Protettrici)
di non trovarsi in
una zona adeguata
a causa della
scarsa drenabilità
del suo terreno.
Tornando, quindi, a parlare di questa che avrebbe
dovuto essere un'importantissima arteria cittadina,

ci dovremmo focalizzare sul luogo ove la via, letteralmente, nasceva: il confine del Palazzo Imperiale.

Fu in questo luogo che venne costruito un bellissimo portale, il cui nome era Suzakumon[93] e di cui oggi non rimane che una ben misera testimonianza: una piccola, anonima stele in un'aiuola, di fronte ad un grande supermercato.

Quando il centro imperiale venne spostato, dopo i grandi incendi di cui abbiam discusso, nonostante il Suzakumon rimanesse una delle più belle ed imponenti opere cittadine, perdette molto in termini di importanza, ritrovandosi privo di un reale scopo: non era più quell'ingresso centrale che conduceva direttamente al Palazzo Imperiale ma semplicemente un'opera architettonica nel bel mezzo della via.

Ma la sua mancata utilità oggettiva non fu il solo male che lo afflisse: a causa della pericolosità degli abitanti della zona Ovest e delle sue condizioni igieniche, divenne ben presto a dir poco impopolare.

In breve, storie assai tetre iniziarono a circolare tra la gente, sempre più copiose, voci che affermavano come il portale fosse divenuto la dimora di un qualche creatura o spirito poco raccomandabile.

L'episodio che più viene raccontato riguarda il Fue[94] di Minamoto no Hiromasa: grande e noto musicista di musica Gagaku[95].
Di notte, mentre il Maestro cercava un luogo ove esercitarsi e trarre ispirazione, finiva spesso per trovarsi a passare dalle parti del Suzakumon, e, poiché più di una volta gli era sembrato di udire una musica, come che un altro musicista si unisse ai suoi esercizi col Fue, aveva tanto cercato nei pressi del portale, purtroppo (o per fortuna) senza successo.
In una di queste notti, si recò proprio presso il portale, come sempre suonando il suo Fue, poiché era convinto di aver individuato l'origine di tal accompagnamento proprio nelle ombre che questi proiettava.
Deciso, quindi, ad incontrare il collega musicista a tutti i costi, tanto gli erano divenuti cari i loro allenamenti notturni assieme, iniziò a suonare con maggior impegno, come fosse a concerto, proprio sotto la volta del portale stesso.
L'altro musicista lo accompagnò per tutto il tempo ed assieme duettarono magnificamente.

Il suono del Fue dello sconosciuto, dotato collega pareva assai vicino, tuttavia Minamoto no Hiromasa era confuso, poiché gli pareva, assurdamente, che provenisse proprio dal tetto del portale: questo era qualcosa di impossibile poiché nessun uomo avrebbe potuto scalarlo senza usare una notevole scala, di cui non ne vedeva traccia.

Fu così che, probabilmente proprio a causa di questi pensieri, la sua musica perse la perfezione che la contraddistingueva.

Il collega musicista, evidentemente dotato di animo altrettanto sensibile, evidentemente ne comprese il motivo e, finalmente, si decise a mostrarsi: in quella magica notte, Hiromasa si ritrovò dinnanzi un anziano signore, dal fisico ancora poderoso nonostante l'età, dall'aspetto un po' trasandato e selvaggio, che suonava un Fue che pareva grezzamente intagliato ma che produceva uno splendido suono.

I due smisero di suonare e Hiromasa si presentò e volle ringraziare il suo compagno di allenamenti, fino ad allora sconosciuto, donandogli il suo Fue. L'altro accettò ma non disse nemmeno una parola: semplicemente gli consegnò il proprio grezzo strumento musicale.

Dopo la morte di Minamoto no Hiromasa, l'allora Imperatore si sentì assai addolorato per la perdita di una così sublime musica, tanto da interrogare gli altri musicisti di Corte sui segreti del defunto maestro.

Si scoprì, allora, di una storia che egli aveva a volte raccontato, per la quale si era molto allenato con un misterioso musicista di grande talento che aveva incontrato presso il portale Suzakumon.

L'Imperatore inviò immediatamente il migliore dei suoi musicisti di Fue, un uomo di nome Jozu[96], presso il portale, alla ricerca di tale misterioso talento sconosciuto.

Jozu ascoltò le storie e visto che le sue ricerche diurne non approdarono a nulla, decise una notte di mettersi a suonare d'impegno proprio sotto al portale, nella speranza di attirare il misterioso musicista: ciò che ottenne, tuttavia, fu solo una voce cavernosa, spaventosa, di certo la voce di un Oni, che, provenendo proprio dal tetto del portale, disse, una ed una sola volta, per poi tacere per sempre, la frase "invero sei bravo, ma meno di Hiromasa".

La storia di per sé è di certo molto particolare, visto che stiamo parlando di un Oni, ma ciò che rende questo portale estremamente interessante non si esaurisce in questo unico episodio: in un suo diario, il famoso studioso Kino Haseo, raccontò che mentre una notte si trovava per le vie di Kyoto, intento nel rientrare a casa, scoppiò una forte pioggia.

Lo studioso, quindi, decise di cercare un riparo il più in fretta possibile, e, caso volle, il primo luogo utile a tal fine si rivelò essere proprio il Suzakumon.

Qui sentì una voce imperiosa, che dall'alto lo chiamò: voltandosi per vedere chi lo stesse chiamando dal cielo stesso, si accorse che una figura si trovava appollaiata sul tetto del portale... questa figura gli disse che gli avrebbe permesso di rifuggiarsi dalla pioggia sotto "il suo portale" e che, per ingannare il tempo, avrebbero giocato assieme al gioco di Sugoroku[97].

Non ci è dato sapere se Kino Haseo abbia accettato o meno, e, nel caso abbiano effettivamente giocato, chi dei due ne sia uscito vincitore, ma una cosa è certa: l'Oni che vive sul tetto del Suzakumon, nonostante tutto, non è aggressivo e ama la musica e i giochi d'intelletto.

Del Portale Rajomon Ato e di ciò che si annidava tra le sue ombre

Sempre sull'antica via Suzaku Ooji, nella sua estremità cittadina Sud, si trovava il maestoso portale noto come Rajomon. Oggi, anche di questo opulento portale non rimane che la testimonianza silenziosa del Tempio Buddhista di Toji[98] e della sua torre, un tempio coppia con il Tempio oggi non più esistente di Saiji[99], rispettivamente posti a destra e sinistra del portale.

Correva l'anno 794, Kyoto era da poco divenuta capitale e l'Imperatore Kanmu, fautore dello spostamento, ordinò la costruzione di un magnifico cancello per il confine cittadino Sud, lato che dava verso importanti centri, come la precedente capitale Nara e l'importante porto di Osaka[100].
La città di Kyoto era un tipico esempio di una planimetria studiata fin nei minimi dettagli, racchiudendo all'interno dei suoi confini "cittadini" le residenze dei benestanti, dei commercianti e dei nobili, e circondandosi all'esterno dei contadini, dei poveri e dei meno abbienti: Rajou vuol dire proprio questo, "muro del castello", identificando la città come un immaginario castello.
Notizie dell'epoca lo descrivono come enorme e magnifico, lungo da sinistra a destra ben 32 metri e profondo 8 metri.
Il tetto, si racconta, recava decorazioni Shibi[101] in oro ed era alto 21 metri.
L'idea di grandezza, potenza e prosperità che il portale emanava doveva essere palpabile da chiunque lo vedesse.
Durante la sua costruzione, tuttavia, l'Imperatore

Kanmu si dimostrò preoccupato per la sua altezza, a suo avviso troppo elevata.

E non era in torto: prima nel 816 a causa di un tifone e, in seguito, nel 980 a causa di un periodo particolarmente infausto a livello metereologico, il portale crollò e dovette esser ricostruito per ben due volte.

Tuttavia, dopo gli aventi del 980, la ricostruzione rimase parziale (in seguito sarebbe stata del tutto cancellata), così che la precedente immagine di prosperità finì per cedere il posto ad un'area di malsano abbandono, tanto che, i poveri che vivevano sulla Suzaku Ooji al di fuori del confine cittadino, iniziarono a gettare i cadaveri che venivano trovati per i sentieri, tra le ombre dell'incompiuto portale.

In breve l'area attirò banditi e criminali di vario genere, ma non solo: la gente del posto iniziò a mormorare della presenza di un Oni.

Una storia assai cupa parla di una banda di ladri che si nascondeva sul tetto del portale, spiando i viaggiatori che vi passavano sotto, in attesa di possibili prede.

Questi ladri, una notte, notarono una strana vecchietta, le cui vesti lasciavano intendere che fosse abbiente: attesero, quindi, che l'anziana passasse sotto al portale, per assalirla una volta oltrepassatolo.

Attesero invano, poiché questa non aveva avuto intenzione di varcare il portale, bensì di fermarsi esattamente nell'angolo più cupo del suo passaggio coperto.

I ladri, incuriositi anche a causa di rumori inquietanti che avevano iniziato a provenire dalle ombre sottostanti, sbirciarono e videro la megera intenta a strappare i capelli ai cadaveri abbandonati.

Decisero di scendere dal loro nascondiglio ed interrogare la vecchia e quando le chiesero il perché del suo strano agire, ella confessò di essere una famosa fabbricante di parrucche e che usava spesso i capelli dei cadaveri abbandonati e senza sepoltura.

Si racconta che perfino Watanabe no Tsuna, le cui gesta abiamo già ripetutamente narrato, investigò nella zona, testimoniando la presenza degli Oni: "il cielo si annuvolava in maniera anomala, quasi a fare notte, e il vento recava un odore di marcio che ricordava i pesci abbandonati al sole".

Del Santuario Shintoista di Kifune e delle pene d'amore

Poco distante dal Tempio Buddhista di Kurama, tramite una piacevole passeggiata immersi nella natura dei sentierini di montagna, si può raggiungere il Santuario Shintoista di Kifune.

Le leggende vogliono che prima che gli uomini calcassero il suolo del Giappone, nell'era dei Kami, Daishin[102] Kifune scelse questi luoghi come dimora: la sua presenza fece sì che la zona diventasse un ricettacolo di energie mistiche.
La parola stessa "Kifune", difatti, vuol dire "energia del tutto" e indica una sorta di contatto con l'universo intero, la forza creatrice e ciò che ha dato origine alle essenze degli stessi Kami.

Le origini del Santuario Shintoista in sé sono anch'esse avvolte nella leggenda: si narra che la madre dell'Imperatore Kanmu, Tamayori Hime, avesse avuto modo di sapere che l'acqua di un piccolo fiumiciattolo che scorreva nell'area chiamata Kibune[103] fosse in grado di alleviare i dolori, sia quelli del corpo che le pene d'amore (come abbiamo notato il collegamento tra acqua e amore è ricorrente).
Decise, quindi, di percorrere a ritroso il fiume per trovarne la fonte e quindi erigervi un piccolo memoriale[104] in onore del Kami dell'acqua che di certo vi risiedeva.
Queste furono le basi su cui, in futuro, sarebbe poi stato costruito il Santuario vero e proprio.
Il Santuario Shintoista di Kifune crebbe e prosperò,

amato sia dai cittadini di Kyoto che in generale dal popolo giapponese, tanto che nel 965 divenne ufficialmente riconosciuto come luogo di contatto con i Kami protettori del Giappone e da allora divenne meta dei messaggeri imperiali, i quali si recavano presso l'altare per comunicare ai Kami gli avvenimenti importanti e gli editti promulgati dall'Imperatore.

Accadde che la nota poetessa Izumi Shikibu[105] soffrisse di pene d'amore, poiché il suo promesso sposo era solito tradirla e umiliarla.
Si recò, quindi, presso il Santuario Shintoista di Kifune e pregò i Kami affinché l'aiutassero: le storie raccontano che improvvisamente, mentre si trovava in compagnia di altri uomini, intento a corteggiare una donna, il promesso sposo ebbe come un'improvvisa comprensione di ciò che stava facendo patire alla futura consorte.
Tornò immediatamente a casa e attese il di lei ritorno, le chiese più volte perdono e le propose ancora una volta di divenire sua moglie.
Da allora non la tradì mai più.

Come abbiamo già avuto modo di constatare, tuttavia, i Kami che aiutano nelle faccende amorose a volte non si limitano semplicemente ad aiutare chi soffre donandogli buona fortuna, ma intervengono anche per vendicare le donne tradite.

Difatti, anche in quest'altra storia entra in scena una storia di Ushi no Koku Mairi, la maledizione dell'Ora del Bue (di cui abbiamo già discusso): una donna veniva tradita ed umiliata ripetutamente dal marito, così un giorno, non potendolo più sopportare, decise di lasciarlo e di andare a vivere tra i boschi, per non farsi mai più ritrovare.

Tuttavia, tale e tanto era il rancore che provava nei confronti di quell'uomo, che alla fine si recò presso il Santuario Shintoista di Kifune nell'Ora del Bue con tutto il necessario per la maledizione.

Le sue preghiere furono così intense e la sua ira così potente che i Kami le diedero ascolto e la donna divenne un Oni.

Ogni notte, questo Oni visitava il marito traditore, sotto forma di spirito o incubo, terrorizzandolo a morte.

Non potendo più andare avanti così, l'uomo si rivolse ad Abe no Seimei (di cui abbiamo ampiamente trattato in precedenza): l'Onmyoji creò quindi un fantoccio con le fattezze dell'uomo da usare come esca e attese l'attacco notturno dell'Oni.

Fu uno scontro di energie che vide trionfare Abe no

Seimei, che sconfisse la Oni, uccidendola.

La donna, come detto in precedenza, assaliva il marito attraverso incubi o si manifestava come spirito, per cui, quando venne sconfitta, il suo corpo materiale morì ben distante dal luogo dello scontro: venne ritrovato, tempo dopo, da un viandante che, avendo sentito raccontare la tragica storia, ne ebbe pietà e lo seppellì.

Nonostante questo brav'uomo fosse una persona comune, tuttavia, percepì ugualmente, tale era la potenza spirituale emanata, che la Kanawa[106] era intrisa di energie negative e che la cosa avrebbe potuto arrecare ulteriori danni: decise, quindi, di erigere un piccolo memoriale presso il pozzo vicino alla casa della donna, un memoriale dove pregare per la sua anima e dove chiederle perdono per le malefatte del marito traditore che hanno portato a tanto male.

Il memoriale è ancora presente tutt'oggi ed è possibile vederlo presso il quartiere di Shimogyoku, lungo la Sakaimachi dori, al Matsubara Kudaru Kajiyamachi.

Della strana creatura
chiamata Nue

Tanto tempo fa, come forma di illuminazione, non vi erano che le timide candele e quindi, dopo il tramonto, vi erano molti posti che divenivano estremamente bui, alcuni dei quali, come abbiamo precedentemente visto, acquisivano un aspetto terribilmente spettrale.

Questa storia risale al periodo Heian[107] ed è ambientata in uno di questi: il Nue Daimyojin.

Quello che oggi è un piccolo parco adiacente al rinomato Castello di Nijo, nel periodo Heian pare fosse il luogo ove una bestia a dir poco singolare avesse tana.

Questa creatura terrorizzava la popolazione con la sua sola presenza e, durante la notte, in questa zona, si poteva sentire la sua voce, una voce vagamente femminile, che gemeva un verso che sembrava dire "nue", da cui le genti ne fecero derivare il nome.

Volendo aiutare i cittadini terrorizzati e percependo egli stesso il pericolo, poiché si dice che tale orribile verso fosse udibile fin dal Palazzo Imperiale stesso, l'Imperatore Konoe[108] inviò a risolvere la situazione uno dei più nobili e coraggiosi tra i suoi Samurai: Minamoto no Yorimasa.

Yorimasa cercò il mostro e, poiché questo pareva esser capace di volare trasportato dal vento, lo attaccò col suo arco, colpendolo.

Quando la creatura cadde al suolo, pronto fu il suo aiutante a colpirlo a morte con la Katana, ma quando, assieme, lo guardarono meglio, alla luce delle torce, notarono che era una bestia davvero singolare: la testa era quella di una scimmia, il corpo da Tanuki[109], la coda era un serpente e le zampe, quelle di una tigre.

Fecero subito un rito per scacciare il mostro nelle profondità dell'inferno da cui era, certamente, venuto fuori, quindi costruirono una barca[110] e ci gettarono dentro il corpo della creatura.

Trascinarono il tutto presso il più vicino fiume e lasciarono che le acque, vegliate dai Kami, riportassero il mostro negli inferi.

Nel seguente periodo Edo[111], a ricordo dell'accaduto, venne costruito, sulle sponde del laghetto che si trova nel parco, e in cui si dice che Yorimasa pulì la freccia con cui aveva abbattuto la creatura, una pietra con iscrizioni memoriali riguardante questa storia (tutt'oggi esistente, anche se a stento leggibile).

Nella più recente Era Showa[112] venne, inoltre, realizzato un Hokora, un piccolo santuario atto alla commemorazione e preghiera (come quello nel quartiere di Shimogyoku, nella storia precedente), che reca, appunto, il nome di Nue Daimyojin.

La freccia in sé si trova, invece, nel Santuario
Shintoista di Shinmei, luogo ove Minamoto no
Yorimasa si fermò a pregare i Kami, poco prima di
intraprendere questa missione.

Dello spaventoso segreto
della Via Sannenzaka

Tornando a parlare del Nue, stando ad una leggenda
narrata da alcuni abitanti di Kyoto, la Sannenzaka,
una stradina in discesa a Nord Ovest del
Kiyomizudera, è il reale luogo di sepoltura della

temibile creatura.

In questa versione della storia pare che, nel tardo Periodo Heihan, il mostro infestasse il tetto del Palazzo Imperiale, facendo ammalare gravemente l'allora Imperatore Konoe, come effetto del potere nefando del suo disgustoso verso e che il nobile Samurai che pose fine all'empia vita della creatura lo abbia fatto, appunto, nel giardino del Palazzo Imperiale stesso.

Quale che sia la verità, se mai ve ne sia stata una, oggi tale tumulo non esiste più ma in passato pare che esistesse e che venisse chiamato Moshuicchikutsuka.

Il vero nome di questa zona pare che originariamente fosse Sanneizaka[113].

Si crede il nome derivi dalla pratica diffusa di recarsi qui per pregare la Divinità Buddhista Koyasu Kannon, affinché Essa conceda un parto privo di problemi e per la nascita di un bambino in salute.

Il nome, tuttavia, non si sa bene quando, finì per cambiare in Sannenzaka[114] e ci sono due versioni sul perché ciò avvenne: in una, semplicemente, si accenna al suono, in quanto Sanneizaka venne confuso fin da principio con Sannenzaka.

Un'altra ipotesi, invece, è legata al momento della sua edificazione: l'anno 3 dell'Era Daido[115]. Secondo questa ipotesi, quindi, semplicemente il nome della via indicherebbe "la discesa edificata nel terzo anno".

Quale che sia l'origine del suo nome, e successivo mutamento, una superstizione, comunque, grava sulla stradina, in cui camminare è difficoltoso a causa degli infidi gradini (e degli infiniti turisti): chi dovesse cadere in questa strada, afferma la leggenda, è destinato a morire entro tre anni. Secondo alcuni, quindi, è in realtà questo il vero significato del nome della strada e non è altro che il frutto della maledizione del Nue che qui è stato seppellito ma oggi dimenticato.

Dei portenti legati al Tempio Buddhista di Rokkakudo

Nel 587, durante il regno dell'Imperatore Yomei, suo figlio, rinomato saggio e consigliere politico, Shotoku Taishi, decise di voler costruire un grande Tempio Buddhista in quel di Osaka, e così iniziò a cercare nei dintorni di Kyoto, alberi che fossero adatti a fornire il legno per la grande costruzione che aveva in mente.

Va detto che Shotoku Taishi portava sempre con sé una piccola statua di pietra rappresentativa di Nyorin Kannon[116], di cui era protettore e custode. Fu così che, durante queste ricerche, in un giorno particolarmente afoso, si fermò a bere presso una fonte e per farlo poggiò la sua preziosa statua ad un albero.

Una volta rinfrescato, fece per riprendere la statua ma questa non si mosse di un solo millimetro dall'albero a cui era stata poggiata: nonostante gli sforzi del saggio, la statua pareva esser divenuta inamovibile.

Scese la notte e ancora Shotoku Taishi, non sapendo come fare e non potendo di certo abbandonare la sacra effige, non ebbe scelta che metterglisi a dormire vicino: fu così che sognò Kannon.

La Divinità gli disse di voler rimanere in quel luogo, per proteggere tutto ciò che ne era parte. Al risveglio, il consigliere notò che era tornato in grado di muovere la statua, ma, ricordando il sogno, decise di costruire immediatamente e proprio in quel punto un Odo[117] dove collocare l'effige, realizzando il volere espostigli durante il colloquio onirico.

Fu così che, mentre lavorava assiduamente, ebbe una visione di un Okina.

L'Okina ha le sembianze di un vecchio saggio, etereo come un fantasma, ma privo di una vera e propria identità[118].

L'Okina, quindi, guidò Shotoku Taishi nel folto del vicino bosco fino ad un ottimo albero, e fu utilizzando questo legno che il Principe decise di edificare un Tempio Buddhista in Kyoto, a memoria e come ringraziamento per le attenzioni che gli Dei avevano avuto nei suoi confronti: questo Tempio è il Rokkakudo.

In seguito, comunque, Shotoku Taishi riuscì a creare anche il favoloso Tempio Buddhista che aveva in mente fin dal principio di questa storia, che è il famoso Shitennoji di Osaka.

Passarono gli anni e l'Imperatore Kanmu decise di spostare la capitale del Giappone da Nara a Nagaoka, quindi, finalmente, a Kyoto.

Quando, per sovrintendere i lavori di costruzione del centro imperiale, giunse, con i suoi consiglieri, nel luogo scelto per l'edificazione di quella che sarebbe divenuta Kyoto notò che il Tempio

Rokkakudo si trovava proprio in mezzo al punto in cui avrebbe voluto far passare un'importante via: fu allora che l'Imperatore decise che il Tempio andava spostato[119].

Prima, però, il suo più saggio consigliere andò a pregare nel Tempio stesso, chiedendo umilmente e sinceramente il permesso per spostare la struttura.

Fu allora che, ignari di cosa stava accadendo, tutti gli abitanti di Kyoto udirono un potentissimo tuono, sebbene il cielo fosse sereno.

Furono solo i più fortunati, ovvero coloro che si trovavano nelle vicinanze, che poterono vedere il portento che stava avendo atto: il Tempio si stava spostando da sé, andandosi a posizionare in una nuova locazione dove non avrebbe creato impaccio ma comunque un luogo scelto dagli Dei.

L'Imperatore, ovviamente, acconsentì a questa sorta di compromesso.

Nello spostarsi, il Tempio rese visibile una pietra particolare, generalmente invisibile: essa vien chiamata Hesoishi[120] e rappresenta il cuore di una costruzione, la parte più importante delle fondamenta.

Questa pietra è ancor oggi ben visibile e, vista la sua posizione così centrale nella planimetria cittadina anche odierna, vien chiamata "l'ombelico di Kyoto".

È importante, comunque, sapere, nel caso lo si voglia cercare, che Rokkakudo[121] è il nome con cui solo gli abitanti di Kyoto chiamano tale Tempio: il nome ufficiale dell'edificio sacro, oggi, è Shiunzan Chohoji.

Di Santuari e scimmie

Fondato dal monaco Jikaku Daishi[122] Ennin come complesso Buddhista affiliato al rinomato Tempio Hieizan Enryakuji, il Sekizanzenin è un complesso sincretista di culto Buddhista e Shintoista, la cui Divinità principale adorata è Sekizan Myojin, una Divinità di origine cinese, non presente originariamente nelle tradizioni giapponesi, il cui nome originale è Taizanfukun.

La Divinità cinese Taizanfukun patrocina, in Cina, il Destino degli uomini e gli eventi delle loro singole vite, oltre ad avere il potere di scacciare il male e di insegnare l'Onmyodo, un sistema divinatorio di origine cinese, ma che, abbiamo visto, molto presente anche in Giappone, che mescola elementi di occultismo e scienze naturali.

La Divinità è, inoltre, il corrispondente di Enma Daio, il Principe degli Inferi della Religione Buddhista giapponese, e presiede il Meifu, il regno dell'Oltretomba.

Il Monaco Buddhista Jikaku Daishi Ennin si trovava in viaggio in Cina, per studiare le vie della Religione, e, sulla via di ritorno, si fermò a pregare sul monte Tai per un viaggio per nave sicuro e sereno.

Durante la traversata, tuttavia, la nave finì in una terribile tempesta che minacciava di affondarla: fu allora che, si narra, apparve la Divinità Taizanfukun, precedentemente pregata dal Monaco sul Monte Tai, che portò la nave, sana e salva, fino alle coste giapponesi.

Da quel momento, fino alla sua morte, il desiderio

irrealizzato del Monaco fu quello di erigere un Tempio in suo onore: fu il suo allievo Anmesozu, nel 888, a gettare le basi del complesso religioso. Di particolare interesse, viste le sue origini, è la posizione in cui questo complesso sincretista è stato edificato: a Nord Est di Kyoto, esattamente in linea con la temuta direzione da cui provengono i mali e gli Oni.

La scelta della posizione non fu casuale, poiché la Divinità Taizanfukun si era dimostrata benevola e potente, così, pregandola e dedicandole un luogo in cui potesse soggiornare, avrebbe protetto la città di Kyoto dagli influssi negativi provenienti da tale infausta direzione.

Sul tetto dell'Haiden[123] è possibile osservare una curiosa scultura che rappresenta una scimmia che reca tra le zampe anteriori gli strumenti di benedizione propri dei Sacerdoti Shintoisti.

Questo è perché nel linguaggio giapponese il verbo "scacciare" è detto "saru", esattamente come anche la scimmia è chiamata "saru"[124]: questo è il motivo per cui, fin dall'antichità, si è ritenuto che la scimmia fosse un animale positivo, capace di scacciare e tenere a bada gli influssi maligni.

L'angolo Nord Est delle mura del Palazzo Imperiale di Kyoto è chiamato anch'esso Sarugatsuji[125].
Partendo da questo punto e tracciando una retta verso il Ki-mon, il Portale degli Oni a Nord Est, si trovano inoltre il Santuario Shintoista Sainokamiyashiro, il Santuario Shintoista Hiyoshi Taisha e il Sekizanzenin: tutti e tre questi centri religiosi recano effigi e/o statue raffiguranti questa scimmietta.

Del Santuario Shintoista di Semimaru e della questione dei Burakumin

Viene oggi chiamato col nome di Santuario
Semimaru un complesso di vari Santuari Shintoisti
minori nella zona del Monte Oosaka[126], di cui i due

principali sono il Santuario di Shimosha, che si
trova ai piedi del monte, e il Santuario di Kamisha,
che si trova, invece, in cima.
Nel Santuario di Shimosha si venera il Kami
Toyotama no Mikoto, mentre nel Kamisha si
venera Sarutahiko no Mikoto.

Questo complesso prese il nome di Santuario di
Semimaru dalla figura del musicista di Biwa[127]
cieco di nome, appunto, Semimaru che, si dice,
visse e morì nell'area del passo montano che separa
Kyoto dal Lago Biwa e che corrisponderebbe, oggi,
proprio a questa zona.
In realtà la figura in questione è ancor
particolarmente avvolta nel mistero, poiché non ci
sono documenti che ne dimostrino l'esistenza,
sebbene una sua opera sia stata raccolta nel
rinomato Hyakunin Isshu[128] e una sua frase sia
riportata nel famoso gioco di carte giapponese, il
Karuta.
Le leggende sul suo conto abbondano e la più
accreditata lo vuole come quarto figlio di un
Imperatore che lo allontanò per via della sua cecità
e ne fece cancellare tutti i documenti relativi, cosa
che giustificherebbe il suo anonimato anagrafico.
Questa storia, ammettendo che sia reale, ci perviene

da un racconto scritto dalla sorella maggiore che, in segreto, disobbedendo ad un ordine del padre, lo andò a trovare, senza farsi riconoscere per ciò che era, per poter godere della musica del fratello, le cui lodi eran giunte fino alla Corte.

Nella lettera in cui viene descritto questo incontro si accenna, appunto, ad un passo presso il Monte Oosaka, nei pressi di un fermo doganale, allora molto importante, visto che collegava la capitale Kyoto con il più importante lago dell'Impero.

Nella superstizione giapponese i ponti, i fiumi e anche i passi montani, rappresentano dei luoghi molto particolari, poiché si prestano facilmente a diventare punti di contatto tra il mondo materiale e altri mondi, come abbiam già avuto modo di trattare.

Ma questo particolare passo montano crebbe in popolarità, nella superstizione locale, come un vero e proprio mondo a sé stante, solo per metà nel nostro mondo materiale e per metà presente in una sorta di mondo parallelo, ove, secondo la superstizione (e, parzialmente, la Religione Shintoista) hanno origine e vivono gli spiriti.

Così, lentamente, attorno a Semimaru, figurativamente oltre che fisicamente, si creò una vera e propria comunità di Biwahoshi, monaci musicisti ciechi: costoro, parzialmente anche a causa della cecità stessa, si suol dire, hanno saputo affinare altri sensi, tanto da aver ottenuto la capacità di entrare in contatto con questo mondo degli spiriti, comunicando eventuali richieste dei mortali o rendendo a questi ultimi nota la situazione spirituale.

Fu anche grazie al crescere di questa comunità che la figura di Semimaru, se mai esistette realmente, divenne leggenda e da leggenda finì per esser divinizzata: il complesso di Santuari Shintoisti di Semimaru, infatti, funge da luogo di preghiera per chi, facendo parte del mondo della musica o dell'intrattenimento, vuole ringraziare o pregare per un aiuto.

In parole povere, oggi Semimaru è, a tutti gli effetti, anche se non ufficialmente, considerato il Kami protettore dei musicisti.

La comunità, però, esiste, purtroppo, tutt'oggi. Dall'antichità fino a non molto tempo orsono, chi aveva dei problemi fisici considerati debilitanti, veniva mandato a vivere in quest'area, cosa che creò una vera e propria zona di reietti ed emarginati sociali: i famosi Burakumin.

Burakumin è un termine che indica, in generale, gli impuri e tra questi non vi erano solo i portatori di handicap di vario tipo, ma anche chi aveva a che fare con il contatto diretto con la carne e il sangue[129], come i macellai, oppure il cui sangue fosse considerato impuro, come i nati da rapporti con coreani o cinesi.

Il problema dei Burakumin, isolati ed emarginati fino a tempi incredibilmente vicini ai nostri, è un problema che non si è ancora risolto del tutto e il loro reinserimento nella società è delicatamente curato dal Governo giapponese ancor oggi.

Di Kyoto, Oni e superstizioni

Kyoto è una città antica, già capitale a livello politico come anche artistico e sociale.
Molte delle tradizioni che oggi vengono considerate come giapponesi, sono tradizioni proprie di Kyoto che, lentamente, per via dell'importanza e

centralità della città, sono dilagate fino a divenire parte dell'Impero e, quindi, oggi, della Nazione.

Allo stesso modo sono nate, di conseguenza, molte varianti che, adattandosi poi ad usi e costumi locali, vista la struttura stessa dell'Impero Giapponese delle origini, dove ogni città era quasi uno stato a sé stante, hanno dato vita a tradizioni e superstizioni ibride.

Tuttavia non diremmo una sciocchezza affermando che tutto nasce sempre da Kyoto... e in Kyoto, ancor oggi, sopravvive: sopravvive nell'uso del Kimono come vestiario, sopravvive nelle superstizioni che vengono ancor tenute da conto perfino dagli enti comunali, come quella delle luci durante la notte, e sopravvive, soprattutto, nelle tradizioni domestiche.

I giapponesi guardano agli abitanti di Kyoto come ai custodi della tradizione e la città è stata e rimane la memoria storica del Paese.

E le memorie che sono state elencate in questo modesto volume non sono altro che la punta di un iceberg, una scoperta continua ed infinita che richiederebbe molto ma molto di più.

Una ricerca che porterebbe a svelare il vero cuore di questa antica città, di questa Kyoto Segreta.

Note

[1] dal giapponese: "capitale di tranquillità e pace".

[2] tant´è che è possibile leggere in vari luoghi pubblici, come ad esempio i bus, frasi come "Che fortuna che, in Giappone, noi si abbia Kyoto".

[3] oggi sport nazionale del Giappone, stile di lotta corpo a corpo le cui origini, strettamente legate ai riti Shintoisti più antichi e relativi alle preghiere per la richiesta di raccolti abbondanti, risalgono ad almeno gli inizi del VI secolo.

[4] da qui la tradizione del Setsubun, il capodanno giapponese che si tiene il 3 Febbraio, in cui si lanciano fagioli per scacciare la sfortuna per il nuovo anno.

[5] praticante dell´Onmyodo, una pratica esoterica giapponese che mescola in eguale misura scienze naturali ed occulto.

[6] come, ad esempio, l'abdicare dell'Imperatore Kazan.

[7] letteralmente "Santuario Shintoista di Seimei".

[8] viene comunemente chiamato Santuario il complesso sacro per intero, tuttavia, al suo interno, si trovano uno o più reali santuari, ospitanti i Kami, gli oggetti di culto e venerazione dello Shintoismo.

[9] una sorta di dittatore militare.

[10] consigliere dell'Imperatore Daigo.

[11] modoru, in giapponese, significa "tornare indietro".

[12] difatti il loro cognome da nubile era Taira.

[13] dal giapponese: "Quattro Re Celesti".

[14] spiriti-divinità della religione Shintoista.

[15] cerimonia individuale di suicidio, concessa a Samurai e nobili, quantomeno di spirito, che scelgono una morte onorevole piuttosto che esser giustiziati o cadere nella calca della battaglia.

Un'altra parola con cui questa cerimonia è oggi nota internazionalmente è Harakiri: dove Seppuku è una lettura più tradizionale, la parola Harakiri mantiene gli stessi kanji, i caratteri della lingua cinese importati e adattati come forma scritta alla lingua giapponese, ma invertendone le posizioni.

[16] nello Shintoismo, il "Male" è rappresentato fisicamente nel mondo materiale dalla sporcizia, per questo il samurai fece questo collegamento.

[17] signore tenutario.

[18] una sorta di consigliere dell'Imperatore e reggente in sua vece, più vicino agli Shogun.

[19] le navi giapponesi erano decisamente poco evolute e le conoscenze marittime assai lacunose, difatti i viaggi navali erano limitati praticamente al solo trasporto di merci e uomini seguendo le proprie coste.

[20] letteralmente "Tumulo dei Nasi": come abbiamo già osservato, la recisione del naso era considerata un insulto nei confronti della vittima, per cui un monumento con tale nome era una manifestazione di superiorità e dispregio del nemico sconfitto.

[21] letteralmente "Tumulo delle Orecchie". Può sembrare una differenza minima ma, in virtù della precedente nota e tenendo conto che il taglio non godeva dello stesso significato ingiurioso, questo cambiamento è, per il popolo giapponese, in realtà, un grande cambiamento, anche se, purtroppo, non sempre è stato compreso dagli stranieri, comprese le vittime.

[22] concetto non semplice da riassumere in poche parole ma, per rendere l'idea, potremmo considerare i Kami come le Divinità della Religione Shintoista.

[23] tofu fritto. Per questo il Ramen, gli spaghetti di tradizione cinese molto presenti nei menù giapponesi, con aburage vengono chiamati spesso Kitsune Ramen.

[24] il Santuario è costruito alla base ma tutta la montagna alle sue spalle è stata letteralmente invasa da più di 30.000 santuari minori.

[25] i portali rossi che indicano l'ingresso ai Santuari Shintoisti.

[26] dolce di riso giapponese di forma sferica.

[27] dal giapponese: "Diventa pianta di riso".

[28] anche riproduzioni in miniatura, i santuari minori ne strabordano.

[29] questa pratica, in realtà, non è prerogativa esclusiva dei Torii: in generale i giapponesi che si affidano alle preghiere per l'esaudimento di un qualche desiderio usano recarsi presso Santuari e scrivono in speciali tavolette, chiamate ema, che poi appendono in punti appositi. Qualora il desiderio venga realizzato è buona creanza tornare al Santuario e scrivere in un'altra tavoletta ema un ringraziamento. L'unicità di Fushimi Inari Taisha è che oltre alle tavolette ema, comunque presenti, si sia duplicata tale pratica anche con i Torii.

[30] essendo alta appena 260 metri si parla di una passeggiata di un'oretta.

[31] uno dei vari Aldilà della religione Buddhista, assimilabile all'Inferno Dantesco.

[32] le 2 di notte sono considerate l'ora propizia per le maledizioni e gli atti oscuri, essendo il momento prediletto dalle creature maligne per agire. Non è una casualità che il numero 2 nell'orologio sta a Nord-Est, proprio come il Ki-mon.

[33] dal giapponese: "la preghiera dell'ora del bue", ovvero le 2 di notte secondo l'antico computo del tempo di origine cinese

[34] dal giapponese: "principessa del ponte". Hime, difatti, significa "principessa".

[35] raramente il Tempio organizza brevi aperture così che i fedeli possano avvicinarsi al pozzo per osservarlo. Il pozzo

stesso, tuttavia, rimane chiuso e sigillato.

[36] Daio, in giapponese, significa "Grande Re".

[37] quando un'anima trapassa, secondo le credenze giapponesi, essa si reca al cospetto del sovrano del Jigoku che, leggendo su delle pergamene gli atti in vita del giudicato, gli assegna un posto nell'Aldilà.

[38] il Bosatsu è un individuo che avrebbe potuto raggiungere la "Buddhità" ma che vi ha rinunciato per rimanere "a metà strada" di modo da poter guidare e aiutare gli altri. Una "Divinità" Buddhista molto popolare, dalle molteplici identità e forme, che protegge, quindi, tra gli altri, i viaggiatori e, in quanto impegnati nell'ultimo viaggio verso il loro posto nell'Aldilà, i defunti.

[39] questo è il nome con cui gli abitanti di Kyoto chiamano il Tempio, anche se il nome oggi ufficiale sarebbe Injoji.

[40] i fantasmi del folclore giapponese.

[41] Se questa cosa può creare un attimo di confusione in una mente occidentale, bisogna ricordare che la Fede, e il modo in cui essa viene vissuta, in terra nipponica, è un fattore esclusivamente personale e libero: nessuna Religione, secondo i giapponesi, ha il diritto o i presupposti di verità assoluta per poterne negare un'altra, comprese, ovviamente, anche quelle straniere. I Kami, se volessimo avere l'ardire di sintetizzare enormemente, potremmo definirli come "gli Dei del Giappone", così come gli Aesir sarebbero quelli del Nord Europa, e così via.

Anche le religioni Cristiane sono viste come parte della Realtà Superiore: non a caso un giapponese in visita in Italia molto probabilmente chiederà, all'atto di visitare una Chiesa, di poter pregare come si deve: una forma di rispetto verso il Kami patrono del Paese. Per il popolo giapponese, il concetto di monoteismo assoluto è a dir poco incomprensibile.

[42] basti già pensare al famoso Tempio Buddhista del Kiyomizudera che, come già accennato, ha, al suo interno, una piccola ma deliziosa area Shintoista.

[43] si narra che, all'incirca nell' 800, l'Imperatore rimase così affascinato dalla bellezza di tale giardino da voler sempre consumare i pasti in questo luogo, all'aperto, dando così origine alla tradizione, ancor oggi molto amata dai giapponesi, dell'hanami, letteralmente "guardare i fiori", ovvero i picnic sotto gli alberi di ciliegio quando questi sono in fiore.

[44] i kanji che compongono questa parola sono Ryu, letteralmente "il dragone", e Jin, che indica i Kami, "Divinità".

[45] una delle regioni che compongono lo Stato. Famosa soprattutto perchè al suo interno si trovano città come Kyoto e Osaka.

[46] preghiere sotto forma di sequenze di suoni particolari da modulare in un dato e preciso modo, mentre ci si concentra in determinati punti focali, come ad esempio può essere l'immagine mentale della lettera A in alfabeto Sanscrito, quale simbolo del Principio.

[47] alto consigliere dell'Imperatore.

[48] la testa dell'Oni Shutendouji è, tra l'altro, elencata tra "i tesori di Uji", sebbene non venga fatta menzione della sua locazione.

[49] sebbene la Kitsune sia forse il più famoso tra gli animali a godere di questo genere di leggende, nel folclore giapponese si ritiene che ogni animale ed, in realtà, anche ogni singolo oggetto, col passare del tempo, accumulando energia (sia di per sé che, come nel caso degli oggetti, attingendola dai possessori), si risvegli come spirito. Speso questo "risveglio" ne muta anche le sembianze, come nell'esempio del serpente che pare aver raggiunto una stazza notevole, oltre che poteri magici.

[50] si dice, inoltre, che la città venga mantenuta così buia durante la notte di proposito: la maggior parte dei lampioni viene spenta poichè, essendo Kyoto troppo bella (tanto che pare che che non sia stata bombardata durante la guerra mondiale proprio per la sua bellezza) se tenesse troppe luci accese quando i mostri sono più attivi, questi finirebbero per rimaner accecati dall'invidia e dalla voglia di distruggerla.

[51] il capodanno giapponese, basato sul calendario lunare. Tra le varie cerimonie ed usanze vi è proprio quella di lanciare piccole manciate di fagioli nelle abitazioni per scacciare la sfortuna, identificata con gli Oni. A Kyoto, tra le varie cerimonie, si può assistere, presso il Santuario Shintoista di Yasaka, a questo spettacolare lancio di fagioli effettuato direttamente dalle Maiko, le apprendiste Geisha.

[52] a conferma di ciò va ricordato che in molte altre storie che vedono protagonisti monaci e creature sovrannaturali o fantastiche, i primi, se talentuosi e retti, molto spesso riconoscono fin da subito la vera natura di tali entità.

[53] nonostante i motivi rimangano sconosciuti, pare che, tra l'altro, questo Oni nutrisse un particolare astio nei confronti dell'Impero, tanto da vessare non solo i poveri ma anche, e soprattutto, le classi nobiliari, rapendo le giovani figlie di nobili e attaccando i samurai, direttamente o tramite i suoi sicari, come appunto abbiamo visto in occasione della storia riguardante Watanabe no Tsuna presso il Ponte Ichijo Modoribashi.

[54] noto nelle storie popolari per le sue gesta del periodo dell'infanzia, quando portava il nome di Kintaro: un bambino dotato di una forza divina. Durante la festa dei bambini, il 5 Maggio, i genitori regalano una bambola di Kintaro ai figli per assicurar loro forza, energia e salute.

[55] vi sono opere del teatro Noh che riguardano Sakata Kintoki

che narrano come questi, già forte in maniera non comune agli uomini, saggiamente non bevve.

[56] contrariamente a quel che si pensa, il termine Yokai non indica i mostri, soprattutto non nel concetto di creatura malvagia. Gli Yokai sono tutte le creature leggendarie e fantastiche, comprendono i mostri come gli spiriti naturali e neutrali, finanche le più benigne delle creature fantastiche e magiche. Il termine, tuttavia, ha lentamente ma inesorabilmente assunto una connotazione malvagia per cui, al giorno d'oggi, si intendono come Yokai, comunemente, semplicemente i mostri e le creature di indole maligna.

[57] Karasu, in giapponese, significa "corvo".

[58] la parola è composta da Yama, dal giapponese "montagna", e bushi, "combattente": con questo termine venivano chiamati i monaci buddhisti eremiti che sceglievano di vivere sulle cime delle più sacre montagne.

[59] bastone tipico dei monaci buddhisti, composto da un'asta di legno sormontata da una serie di anelli, concatenati in modo da mantenere una forma ben precisa.

[60] il suono della "o" che precede un nome o titolo richiama la O onorifica, tuttavia, in questo caso, oltre ad essere un richiamo prettamente sonoro, si tratta di una O allungata, il cui kanji è quello che significa "grande". Una doppia forma di onoreficenza tramite un gioco di suoni e significati.

[61] l'arte della scherma con katana.

[62] ha regnato dal 1123 al 1142.

[63] nome con cui si indica la carica di Imperatore del Giappone.

[64] una guerra civile nata l'indomani della morte dell'Imperatore Konoe che vedeva due fazioni in campo impegnate a spingere il passaggio di potere verso altrettanti contendenti.

[65] mero atto politico volto ad eliminare dalla lista dei contendenti al trono il figlio di Sutoku.

[66] come già accennato, vi sono leggende a riguardo. Se da un lato si appoggia la teoria della maledizione tramite il sangue, un tipo di "magia proibita" che ha le sue basi nello Shintoismo, altre ipotesi, invece, vedono l'utilizzo del proprio stesso sangue come una manifestazione di sacrificio e totale dedizione. Al momento attuale, dato il riscatto del nome dell'Imperatore Sutoku, viene accreditata la seconda ipotesi.

[67] l'ordine di costruzione di questo Tempio, per onor di completezza, fu dell'Imperatore Go-Shirakawa. L'Imperatore Nijo chiese il compito di preghiera per fermare le malefatte del malvagio Tengu, quindi, in seguito.

[68] ha regnato dal 1867 al 1912.

[69] Tenno è il titolo con cui si indica l'Imperatore del Giappone (e solo quello del Giappone).

[70] forma di teatro tragica tradizionale giapponese.

[71] dal 710 al 784.

[72] già allievo del più noto Ganjinwajou, fu uno dei primi reali filosofi, nel senso occidentale del termine, giapponesi, esplorando questioni riguardanti per lo più l'ambito religioso quanto quello spirituale.

[73] in effetti è una Divinità Induista, dapprima divenuta parte del Credo Buddhista in Cina e quindi in Giappone.

[74] dal 794 al 1868.

[75] col passare del tempo pare che qualcuno abbia iniziato ad ipotizzare da Venere, ma non è del tutto chiaro se sia parte della storia originale o un'aggiunta successiva.

[76] è importante specificare che nella mitologia giapponese non si parla mai della creazione del mondo ma sempre e solo di quella del Giappone, che, in effetti, è un po' descritto come fosse il mondo intero, cosa comprensibile vista la caratteristica insulare del luogo. La questione ha dato adito a numerose critiche ma, se volessimo analizzare la cosa con onestà

intellettuale, appare più che evidente come la mitologia giapponese tratti, appunto, esclusivamente del Giappone ma senza mai assolutamente negare le altre mitologie né sminuirle.

[77] piccolo Tempio minore all'interno di un complesso Buddhista.

[78] una forma di preghiera-canto tipica del Buddhismo. La sua caratteristica forse più evidente è quella del ripetere a volte anche per periodi davvero lunghi, che richiedono di certo una preparazione fisica adatta, la formula.

[79] nonostante la storia abbia un'ambientazione ben precisa, bisogna ammettere che la locazione di tale pozzo rimane, tuttavia, sconosciuta.

[80] titolo estremamente elevato presso gli ordini monacali Buddhisti che indica il leader di una scuola o setta.

[81] uno Yokai che ha la forma di un anziano monaco che ha una sola gamba e, al centro della fronte rugosa, un solo occhio.

[82] l'analisi della parola "senbondori" richiede un approfondimento: dove "dori" indica semplicemente appunto il concetto di "via" e "sen" è il numero "mille", bisogna considerare anche il contatore "bon" che viene annesso alla parola "sen". Nella lingua giapponese esistono questi suffissi atti ad indicare e specificare a cosa il numero si riferisce. Questi contatori variano in base all'oggetto contato e il contatore "hon" (in questo caso divenuto "bon" per comune regole grammaticale) serve ad indicare qualcosa di sottile e lungo, come ad esempio più essere una bottiglia o, appunto, una tavoletta votiva per onorare i defunti.

[83] sottili tavolette votive in legno su cui venivano incise, mentre oggi solo iscritte, le preghiere per i propri cari defunti.

[84] originariamente la lingua giapponese non aveva una forma scritta: questa venne in essere annettendo il sistema di scrittura cinese noto come kanji ed adattandolo, in alcuni casi

semplificandone la scrittura stessa, alla lingua giapponese (che, quindi, non venne ad esser modificata). Oltre ad essere un sistema estremamente complesso (conosciuto quasi esclusivamente dai monaci Buddhisti e perfino pochi all'interno della classe nobiliare) e che non si adattava comunque allo stile giapponese, venne coniato un ulteriore sistema, detto oggi "hiragana", che si andò ad accostare al sistema dei kanji, completando la grammatica odierna. Per onor di completezza mi sento di dover menzionare un secondo sistema kana, ovvero quello del "katakana": questo rappresenta solo una variante in forma di scrittura dell'hiragana (mantenendone la lettura e composizione in tutto e per tutto) che è stato creato solamente allo scopo di poter esprimere foneticamente parole di origine straniera.

[85] pietre che hanno pressappoco la funzione di una lapide commemorativa, utilizzate per lo più per le fosse comuni.

[86] ha regnato dal 887 al 897.

[87] ha regnato dal 897 al 930.

[88] bisogna ricordare, nel pensare al lasso di tempo di questi cambi generazionali, che all'epoca dei fatti la vita media umana tendeva ad essere tristemente breve, come si denota già, ad esempio, osservando le date di nascita e morte dei vari Imperatori.

[89] essendo il culto di personalità parte del Credo Shintoista, la figura di Michizane venne integrata qual Kami e non come Divinità Buddhista.

[90] ha regnato dal 781 al 806.

[91] capitale dal 784 al 794.

[92] oggi nota soprattutto per il bellissimo e lunghissimo ponte che la collega con la città di Kobe.

[93] Mon, in giapponese, significa, appunto, "portale".

[94] flauto giapponese.

[95] genere di musica classica giapponese allora destinato esclusivamente alla Corte.

[96] di questo musicista, in realtà, non sono stato in grado di trovare tracce che ne confermino l'esistenza. Una cosa assai curiosa, tuttavia, è l'assonanza della parola stessa: con lo stesso suono, ma utilizzando kanji differenti, infatti, in giapponese si ottiene la parola "bravo, competente".

[97] un antico gioco giapponese che presenta numerose similitudini con l'odierno Monopoli.

[98] Tempio dell'Est.

[99] Tempio dell'Ovest.

[100] all'epoca il fulcro del Giappone era l'area del Kansai, di ciò che in seguito sarebbe divenuto prima Edo e quindi Tokyo non si aveva praticamente traccia.

[101] 鴟尾: Shibi, letteralmente "coda di uccello", una decorazione che riprende, appunto, la forma delle code degli uccelli.

[102] letteralmente "grande Kami".

[103] nonostante la pronuncia diversa, le due parole indicano gli stessi luoghi: mentre Kifune viene per lo più usata prettamente per indicare il Santuario, Kibune è invece il nome con cui viene denominata comunemente l'area.

[104] di simili se ne possono trovare spesso in giro per il Giappone, ai lati delle strade come in zone naturali: hanno l'aspetto di piccoli Santuari Shintoisti anche se la loro funzione è più commemorativa che di reale raccolta e preghiera.

[105] 976/1033.

[106] la fascia bianca con cui si legano sul capo le candele o i bastoni durante la maledizione.

[107] viene definito Periodo Heian l'arco temporale durante il quale Kyoto, il cui nome dell'epoca era Heiankyo, fu capitale

[108] ha regnato dal 1142 al 1155.

[109] il procione giapponese, che, come per la Kitsune, si dice che crescendo possa sviluppare poteri magici.

[110] è probabile che questa sia una sorta di ripresa del mito della Utsuhobune, una "gemella" della barca di Caronte della mitologia giapponese.

[111] viene definito Periodo Edo, in virtù della nuova capitale dell'Impero, il cui nome era, appunto, Edo, l'arco temporale che va dal 1603 al 1868.

[112] viene definita Era Showa l'arco temporale che va dal 1926 al 1989, in onore al defunto Imperatore Showa (gli Imperatori cambiano nome una volta morti prendendo quello della loro Era).

[113] "nascita semplice" in giapponese.

[114] "discesa dei tre anni" in giapponese.

[115] corrispondente all'anno 809.

[116] una delle manifestazioni di Kannon, a sua volta una delle manifestazioni del Buddha.

[117] piccola, modesta e semplice costruzione religiosa Buddhista, destinata alla meditazione e preghiera, spesso parte più interna e "anima" di un Tempio vero e proprio.

[118] bizzarramente l'Okina appare, praticamente nella totalità delle storie in cui se ne parla, esclusivamente ai bambini: che in questo episodio si sia voluto sottolineare l'animo semplice e puro del principe?

[119] se questa cosa può apparire strana al lettore occidentale, bisogna ricordare che le strutture importanti giapponesi, che fossero castelli, residenze nobiliari e financo edifici religiosi, essendo costruite prevalentemente in legno, necessitavano di continue ristrutturazioni, molto spesso finendo letteralmente per esser abbattuti e ricostruiti. Non è, quindi, affatto raro che, durante le ricostruzioni, per svariati motivi che possono essere il tempo (mentre il vecchio edificio viene smantellato, già il

nuovo viene edificato: in questo modo si risparmia molto tempo) oppure la comprensione di una migliore zona di edificazione, gli edifici finissero per esser spostati.

[120] in giapponese "pietra ombelico".

[121] il nome stesso del Tempio manifesta un'altra delle peculiarità della struttura, in quanto essa è esagonale, cosa alquanto anomala per un Tempio Buddhista giapponese.

[122] Jikaku Daishi è un titolo onorifico che indica un monaco di rango estremamente elevato.

[123] in un complesso Buddhista, l'Haiden rappresenta l'edificio principale.

[124] le due parole, tuttavia, differiscono sia per accentazione che per i kanji con cui vengono scritte.

[125] potremmo, per semplicità, tradurlo come "l'angolo della scimmia".

[126] nonostante la pronuncia sia simile a quella della rinomata città, i kanji di cui è composta questa parola sono, tuttavia, differenti.

[127] un liuto tradizionale giapponese.

[128] una raccolta di cento poesie in stile Waka, quindi tradizionale tipico giapponese, di cento poeti differenti.

[129] nella tradizione religiosa Shintoista, il sangue e le ferite, ma come anche le malattie e la morte, sono una conseguenza del Kegare, ovvero quello che potremmo definire essere il Male. Lavorare, quindi, a contatto con il sangue, come con i corpi dei defunti, tendeva a "macchiare" profondamente l'uomo, rendendolo, appunto, impuro. Con l'avvento, poi, del Buddhismo, che annovera in molte scuole importanti il concetto di uccisione, sia ai danni di altri esseri umani come anche di qualsiasi animale, come un peccato gravissimo, queste professioni che avevano a che fare col sangue, come appunto

citato ad esempio il macellaio, subivano una seconda pressione che ne comprovavano l'impurità.

Fonti

Sebbene, come da incipit, inizialmente il progetto era nato come una collezione di accurate informazioni storiche e che, quindi, avrebbe avuto un capitolo riguardante le fonti corposo, questo mio modesto testo ha preso vita propria e ha deciso di dirigersi per tutt'altra strada.

Il numero di informazioni storiche, quindi, si è ridotto al minimo indispensabile e sono tutta facilmente verificabili presso qualsiasi biblioteca in un numero imprecisabile di testi inerenti al soggetto, ma per la maggior parte delle informazioni che ho quindi qui collezionato non vi sono testi adeguati anzi, spesso, purtroppo, non vi sono testi del tutto.

Detto questo sembra impossibile scrivere un capitolo delle fonti, ma ho deciso di prendermi una piccola libertà nel voler dividere due tipi di ringraziamenti: in questo piccolo e assolutamente inadeguato capitolo vorrei ringraziare, quindi, coloro che mi hanno, appunto, fornito le fonti per questo testo, grazie alla loro memoria e amore per le tradizioni.

Il mio più grande ringraziamento va indubbiamente

*ai Sacerdoti e Sacerdotesse del Santuario
Shintoista di Seimei, per il prezioso aiuto non solo
nel capitolo inerente la vita e le leggende di Abe no
Seimei ma per un generale interessamento verso
tutta l'opera.
Un grazie anche ai Sacerdoti del Santuario di
Kifune e ai monaci del Tempio di Kurama, nonché
del Santuario di Yasaka, ai curatori del Museo di
Uji e del Santuario di Daishogun Hachi, agli
anziani volontari presso il Tempio di
Rokudochinnoji, al monaco del Tempio di Yatadera
(anche solo per la sua grande simpatia e ilarità), al
giovane monaco del Tempio di Shinsenen, alle
simpatiche signore alla cassa del complesso
Buddhista del Byodoin, al nonnino presso il
Santuario Shintoista di Sekizanzenin, ai Sacerdoti
del Santuario di Kenkun, ai gentilissimi monaci del
Tempio Buddhista di Otagi Nenbutsuji (con cui
ancora mi scuso e ringrazio per la lunga
camminata che così gentilmente si son prestati a
fare per portarmi nel posto giusto) e ai ragazzi
della Scuola Media Nakagyo (senza i quali non
avrei MAI potuto trovare i resti del Suzakumon
Ato) e tutta una schiera di anziani ed anziane che
mi hanno aiutato enormemente con i loro racconti
e ricordi.*

Lo so, non sono delle fonti di cui vantarsi a livello accademico ma per me sono state le più preziose delle fonti, più di qualsiasi testo e ho reputato più che doveroso quantomeno un ringraziamento speciale (anche se, purtroppo, non credo che potranno mai leggerlo).

Per coloro i quali volessero visitare i luoghi descritti in questo mio modesto saggio, renderò disponibili tutti i riferimenti, le mappe e i consigli di viaggio nel mio sito web:
https://italianoingiappone.jimdo.com/

Ringraziamenti

Questo testo è oggi presente grazie agli aiuti che mi han permesso di porre a compimento una ricerca davvero faticosa ma che si è sempre rivelata, per me, dai risultati molto interessanti. Indubbiamente il primo e più grande ringraziamento va e andrà sempre a mia moglie che, armandosi di santa pazienza, mi è sempre accanto in ogni istante, sia per quanto riguarda questo aspetto letterario della mia vita che per tutti gli altri, sempre e comunque: grazie mille Tomie. Molte traduzioni che a me ancora non riescono, molti dettagli della cultura e del modo di pensare giapponesi che, altrimenti, mi sfuggirebbero, hanno in lei la vera autrice.

Un ringraziamento va anche ai miei suoceri che hanno contribuito enormemente raccontandomi leggende e superstizioni giapponesi e spiegandomene il significato, aiutandomi poi a trovare riscontri.

E se questo testo, nato quindi da una miriade di racconti e ore passate ad ascoltare storie, non è un ammasso confusionario di frasi, ricordi ed orrori grammaticali è tutto merito, come sempre, di

Manuela Ruggiu: una grande fotografa che con le sue opere è capace di ispirare e mostrare quel qualcosa che si trova oltre al velo che impedisce ai nostri occhi di vedere realtà più profonde.

Come faccia non lo so, ma riesce con la macchina fotografica a mostrare cose che gli occhi umani non vedono... sul suo sito, R&R Fotografia potrete ammirare le sue opere e non serviranno altre mie parole per capire cosa intendo.

Il supporto, il continuo darmi energia e carica per continuare a mettercela davvero tutta (per quel poco che è in mio potere), l'affetto, la stima e la presenza costante di tutti coloro che quotidianamente condividono con me momenti sui miei profili social, quali Facebook (mi potete trovare come "Un Italiano in Giappone") e Instagram (anche qui "italianoingiappone") sono davvero quello che fa sì che questi progetti nascano e riescano, dopo averli fatti aspettare sempre troppo, a venire alla luce.

A te che stai leggendo: il mio più profondo e sincero ringraziamento.

La fiducia che mi hai accordato prestandomi il tuo tempo per la lettura di questo mio modesto è qualcosa di incommensurabilmente speciale per me.

Grazie davvero.

09/02/2019
Sasori